重庆文物考古研究系列

穿越西伯利亚

——2017年中俄联合考古——

重庆市文化遗产研究院
重庆文化遗产保护中心 编著

科学出版社
北京

内 容 简 介

本书是2017年中俄西伯利亚联合考古项目的工作报告，介绍了重庆市文化遗产研究院联合俄罗斯科学院西伯利亚分院考古学与民族学研究所在西伯利亚地区开展旧石器时代遗存调查与试掘、古代欧亚草原文化研究、学术交流、公众考古等方面的工作成果。此外，本书还收录了项目前期重庆科技考古学者考察西伯利亚地区古代文化及遗产保护的文章。

本书可供从事考古学、历史学、文化遗产保护研究的专家、学者、教师和学生参考阅读。

图书在版编目（CIP）数据

穿越西伯利亚：2017年中俄联合考古 / 重庆市文化遗产研究院，重庆文化遗产保护中心编著. — 北京：科学出版社，2020.9
（重庆文物考古研究系列）
ISBN 978-7-03-066129-6

Ⅰ. ①穿… Ⅱ. ①重… ②重… Ⅲ. ①文化遗址－考古发掘－发掘报告－西伯利亚 Ⅳ. ①K885.128

中国版本图书馆CIP数据核字（2020）第174992号

责任编辑：王光明 王 钰 / 责任校对：邹慧卿
责任印制：肖 兴 / 书籍设计：北京美光设计制版有限公司

科 学 出 版 社 出版
北京东黄城根北街16号
邮政编码：100717
http://www.sciencep.com

北京汇瑞嘉合文化发展有限公司印刷
科学出版社发行 各地新华书店经销
*
2020年9月第 一 版 开本：889×1194 1/16
2020年9月第一次印刷 印张：11
字数：316 000

定价：208.00元

（如有印装质量问题，我社负责调换）

序

今年，重庆市文化遗产研究院成立20年了。

2000年单位成立的时候叫重庆市文物考古所，主要从事的是考古工作。2008年，随着国家文化遗产保护理念的更新，单位增挂了“重庆文化遗产保护中心”的牌子，保护职能逐步扩大到建筑遗产保护与文物科技保护领域。2012年，更名为重庆市文化遗产研究院（重庆文化遗产保护中心），保护职责全面拓展到考古、建筑遗产保护、文物科技修复保护、文物标本保管、文物信息咨询五个领域。

20年风雨兼程，单位从无到有，实现了跨越式发展。在这个过程中，我们着眼文化遗产保护事业发展大局，确立了保护和利用并重的“一体化保护”理念，按照“开展文化遗产研究和保护，传承弘扬历史文化”的宗旨，秉承“精诚团结、开拓创新”的办院精神，坚持“科研兴院、人才强院”的发展战略，已经成长为拥有150人规模，专业结构与业务梯队合理的科研队伍。单位拥有田野考古、文物保护工程勘察设计与监理、可移动文物修复保护、涉案文物鉴定等6项国家文物局保护资质；建成并投入运行了动植物考古、数字影像考古、科技考古实验室；在考古学基础研究，以及盐业考古、冶锌考古、土司考古、城址考古等专题考古研究领域都取得了重要收获。据不完全统计，单位成立以来完成了全国第三次不可移动文物调查、全国第一次可移动文物普查；组织实施了三峡消落区文物保护和1000余项配合基本建设工程的文物保护工作；开展了20余项国家主动考古发掘和300余项三峡工程库区考古发掘；开展了200余项地面文物保护工作；完成了我市和四川、湖南、湖北40余项20 000余件（套）、考古发掘出土文物和博物馆馆藏文物的科技修复保护；按照“重庆文物考古研究系列”“重庆文化遗产保护系列”丛书总体策划，出版考古报告、文物保护、学术研究、公众考古四类学术著作30余部；发表200余篇考古简报、发表学术论文400余篇。被重庆有关部门授予“重庆市港澳台及海外青年人才实习基地”“重庆市青少年文化遗产保护社会实践教育基地”“重庆市文化遗产保护科研基地”等称号，历年获“全国文化系统先进集体”“全国文物系统先进集体”“三峡文物保护工作先进集体”“重庆市宣传文化系统先进集体”“全国十大考古新发现”“优秀考古工地”等40余项国家级、省市级集体荣誉。

回顾走过的20年，我们始终本着“开门办院、合作共赢”的宗旨与国内外同行建立了广泛的合作。单位成立之时，正当三峡考古大会战最为繁忙的时候，如果没有全国100余家考古单位的无私援助，我们的三峡考古不可能圆满完成，通过国家验收；如果没有各个大学为我们培养的各方面的专业人才，我们也不能顺利搭建我们的业务科研团队；没有重庆市各区县文博单位的携手合作，我们也难以独立支撑重庆考古和文化遗产保护事业发展的局面。在单位的发展过程中，我们始终坚持与重庆市内各区县文物部门密切协作，建立了良好的“纵向联动保护机制”，共同做好我们的保护工作。我们逐渐扩大与北京大学、四川大学、重庆师范大学、日本爱媛大学、俄罗斯科学院西伯利亚分院等国内外十几家高校、科研院所深入合作、跨界合作，建立了广泛的“横向联合科研机制”，联合开展保护研究和人才培养工作。近年来，按照国家加强文化遗产保护传承和创新利用的要求，与江津区、合川区、奉节县签订文化遗产保护和申遗战略合作框架协议，推动了重庆市文化遗产保护事业的整体发展。为了报答全国同行对重庆三峡考古的无私援助，我们也主动请缨，走出重庆，开展了河南河北南水北调工程考古、四川5·12地震灾区文物保护、贵州土司遗址申遗考古和对口支援西藏文物保护工作。

随着跨世纪的三峡工程文物保护工作的圆满完成，我们缓解了三峡抢救性保护工作的巨大压力，可以相对主动地思考一些属于考古和文化遗产保护发展的问题。中国考古学可以找到自身的发展轨迹，但近代考古学的形成本质上讲是西方传入的科学。文化遗产保护的理念和方法，同样要放到联合国教科文组织主导的国际文化遗产保护运动的背景下来思考。在优秀传统文化传承和创新发展和“一带一路”国家战略的新形势下，培养重庆专业人才、做好重庆考古和文化遗产保护，需要我们跳出重庆，扩大视野，与国际接轨。除了利用自身综合性的优势开展一体化文化遗产保护外，重庆考古也需要“请进来”与“走出去”，积极了解世界考古的发展，同时向他国学者展示重庆考古的发现与进步。这些年，我们组织了“东亚文化遗产保护学术研讨会”，开展了盐业考古、冶锌考古、铁器保护等领域的国际合作，陆续派出一百多人次业务人员到欧美亚非数十个国家和地区开展了考察、学习和学术交流，获益匪浅。2017年，我们走出国门，在西伯利亚腹地开展的中俄联合考古调查与发掘，是一次更加深入全面的国际合作，实现了重庆考古“走出去”的新突破。

与俄罗斯的合作始于2013年，经重庆师范大学武仙竹教授联络，我院与著名考古学家、俄罗斯科学院西伯利亚分院中西伯利亚考古与古地理研究中心主任德罗兹多夫教授开展了前期沟通。鉴于叶尼塞河和长江作为两国文明的重要区域，在先后建成世界之最的克拉斯诺亚尔斯克水电站、三峡水利枢纽工程过程中，均开展了大规模的考古和文化遗产保护工作，有许多值得彼此借鉴的保护经验和合作研究空间，双方初步达成了西伯利亚联合考古的合作意向。

2013年10月22日上午，在重庆师范大学博雅楼举办了隆重的中俄科技考古研究所揭牌和中俄合作办学签字仪式。德罗兹多夫教授代表俄罗斯教育科学院大学，常云平教授、院长代表重庆师范大学历史与社会学院，我代表重庆市文化遗产研究院三方共同签订了《重庆中俄科技考古研究所协议书》，联合成立了“中俄科技考古研究所”。重庆市文物局幸军局长为“中俄科技考古研究所”揭牌，重庆师范大学校长周泽扬教授主持会议并做了讲话。中俄科技考古研究所是中俄第一家科技考古合作机构，中俄科技考古研究所旨在立足考古学发展的前沿和热点，通过专家互聘、人才培养、项目合作的方式，在古人类学、史前考古、艺术考古、考古理论、中俄文明演进过程与文化交流等领域开展广泛合作；在工作方法上探索微痕考古、动物考古等科技考古技术的实验与创新，提升中、俄考古领域科技创新能力，推进中、俄科技成果共享与文化交流，协同产生中、俄考古领域的高水平成果。协议专门约定，中方、俄方各设一个总负责人统筹全面工作，中方总负责人为重庆师范大学周泽扬校长，俄方为德罗兹多夫教授。重庆师范大学、俄罗斯教育科学院大学和我院各设一个研究所，为合作单位提供学习、交流、科研工作之便利。

2014年9月，受俄罗斯联邦图瓦共和国图瓦大学邀请，重庆师范大学武仙竹、我院李大地研究员和我前往图瓦共和国，参加了第五届“蒙古和西伯利亚贝加尔古代文化国际学术会议”。在德罗兹多夫教授的精心安排和亲自陪同下，我们从克拉斯诺亚尔斯克市出发，沿叶尼塞河行进，翻越萨彦岭到达图瓦。以西伯利亚考古遗址、博物馆和文化遗产保护地为主题，我们拜访了西伯利亚联邦大学、国立师范大学、图瓦大学，考察了学校的考古标本室并与考古系同行进行了交流，专程考察了克拉斯诺亚尔斯克库区以及库区的阿丰达瓦旧石器遗址、阿巴坎塔加尔文化墓地和库尔塔克考古实习基地，考察了列宁流放地舒申斯克的旧居及西伯利亚历史建筑遗址公园，参观了克拉斯诺亚尔斯克、舒申斯克、米努辛斯克和图瓦等地的博物馆。穿行辽阔的西伯利亚原野，翻越终年积雪的萨彦岭，是一次难忘的自然和文化之旅，沿途所见和德罗兹多夫教授的介绍、权乾坤博士的翻译，增添了我们对俄罗斯民族、俄罗斯的考古与文化遗产保护切身的认识，通过更加深入的沟通，在库区开展以阿丰达瓦遗址为首选，聚焦库区遗址长期考古的合作意向更为明确。

2016年5月，重庆师范大学与我院联合召开的“考古学、人类学与古动物学国际高端论坛”会议期间，在我院安排下，与会的俄罗斯科学院西伯利亚分院、俄罗斯教育创新大学、俄罗斯远东国立大学、韩国史前文化研究院、韩国汉阳大学、吉林大学、西北大学等国内外学者到我院考察、交流了重庆的文物保护工作。并深入三峡腹地，实地考察了以三峡考古出土文物为主要支撑的开州、云阳、巫山新建的博物馆，三峡搬迁文物张飞庙、大昌古镇，三峡消落区考古项目大溪遗址整理、高唐观遗址考古发掘现场。通过深入的考察与交流，重庆的文化遗产保护、三峡考古的巨大收获和展示利用成效给与会代表大家留下了非常深刻的影响。考察期间，俄方、中方学者多次表达了合作意向，西伯利亚联合考古的具体事宜，也在与德罗兹多夫教授进一步具体落实。

2017年5月，我院与俄罗斯科学院西伯利亚分院考古学与民族学研究所签订《科研合作协议》。经程序报批，赴俄联合考古项目获得重庆市政府的批准，历时数年准备的中俄联合考古终于得以实施。

2017年8月15日至9月10日，我院派出以汪伟为组长，代玉彪、徐进、高磊、张镇山为成员的考古队，与俄罗斯科学院西伯利亚分院考古学与民族学研究所共同组建联合考古队，对俄罗斯克拉斯诺亚尔斯克边疆区和哈卡斯共和国境内的旧石器时代遗址、古代岩画和塔加尔文化墓葬进行了调查、试掘等田野考古。重庆市文物局白九江副局长、周大庆处长、赖东，我院邹后曦、高碧春、方刚、李大地、范鹏参与了前期对接和验收工作。

2017年9月上旬，由白九江副局长带队，我和重庆市文物局考古处、重庆市文化遗产研究院考古所联合组成验收组，在库尔塔克考古基地对本次为期一个月的考古勘探、发掘与初步整理工作进行了验收。验收组认为，本次联合考古，我们派出的考古队按照合同约定，遵守俄罗斯的法律和考古规范，克服了语言交流障碍、饮食生活习惯差异、野外艰苦环境带来的困难，圆满完成了田野考古任务，取得了很大的收获。我们队员的工作和表现，展示出良好的专业素养、敬业的精神风貌、严格执行了我国外事纪律、表现了友好的合作态度，获得了俄方的赞誉，增进了中俄友谊。此次中俄西伯利亚联合考古，加强了长江三峡地区与叶尼塞河两河流域、重庆市与克拉斯诺亚尔斯克市的人文交流，是重庆考古走出去的一次成功尝试。验收组强调，按照合作协议，下一步要加强资料整理，早出考古报告等科研成果。

同中国相似，俄罗斯也是一个历史悠久、民族多样、幅员辽阔的文化遗产大国。总体说来，俄罗斯的各项工作开展得更早一些。从17世纪彼得一世时期开始关注古迹保护，18世纪尼古拉一世时期已经制定了文物保护法案、建立了专门的国家保护机构，19世纪的考古工作已经较为普遍，十月革命后文物保护制度逐步健全。苏联解体以后，为了应对社会变革带来的价值观混乱，叶利钦时期强调的俄罗斯的精神遗产、普京的“俄罗斯新思想”，均把俄罗斯传统文化作为道德教育的基地。现在，重视民族传统文化，加强各民族传统文化的对话，已经成了俄罗斯的社会共识。

在文化遗产保护方面，俄罗斯文化遗产保护理念也出现较早，基于智力圈、文化生态学和文化景观理论提出的文化遗产与周边环境协调的整体性保护理论产生了深远的世界影响。2002年《俄罗斯联邦文化遗产法》的颁布，标志着俄罗斯的文化遗产保护与世界文化遗产保护运动充分接轨，21世纪初开始实施的“俄罗斯文化”联邦计划，加大了文化遗产保护的力度。按照体现强大国家主义思想的“国家保护”“整体保护”基本原则，在俄罗斯文化遗产保护的宏观政策和措施背景下，文化遗产保护卓有成效，也存在地区法规措施自成体系、缺乏配套的实施细则、保护力量与经费不足等发展中的困难（参见：程殿梅《俄罗斯文化遗产保护的理论与实践》，《民俗研究》2015年第1期）。

20世纪50年代，中俄两国关系密切，苏联对我国的考古、博物馆与文化遗产保护产生过非常巨大的影响。最近几十年，就考古与文化遗产保护而言，两国交往不多，可谓行驶在平行的轨道上。它山之石可以攻玉，中俄同属于地缘相近的多民族国家，在世界文化遗产保护运动的潮流下，加强一带一路国家之间的文化交流，加强中俄考古和文化遗产保护的合作交流是很有必要的。

本次联合考古期间，我们与克拉斯诺亚尔斯克边疆区文化遗产保护局主任尤里·吉赫诺维奇、克拉斯诺亚尔斯克边疆区文化部副部长库金·季莫费耶的团队分别进行了会谈，双方充分介绍了各自地区文化资源基本情况，交换了各自文化遗产保护工作的信息。最后，双方共同表达了长期开展双方文化遗产保护交流、加强双方文化旅游融合等更为广泛领域合作的良好意愿。

本次联合考古是一个良好的开端，希望在此基础上，开展更加深入、系统、长期的合作。

邹后曦

2020年2月18日

目　录

上篇
走出国门

离开克拉斯诺亚尔斯克前合影
地点：克拉斯诺亚尔斯克酒店

重庆考古远行

西伯利亚是欧亚大陆东北部一个广阔的地理区域，西至乌拉尔山，东至太平洋，北至北冰洋，南至中亚、蒙古及中国北部。“西伯利亚”一词的本义及来源至今仍未有一致意见，包尔汉、冯家昇研究认为西伯利亚作为英语单词“Siberia”的音译，来源于俄文西比尔（Sibir）。并进一步指出西比尔是古代西伯利亚地区部落西比尔人的族名与他们曾经生活区域的地理统称，后随着俄罗斯帝国的东征最后扩大为现代的广大地域——西比尔或西伯利亚。西比尔人即中国古代的鲜卑人[1]。但也有观点认为，西伯利亚原义为阿尔泰语系的“泥泞、潮湿”之地[2]。

距今50万～35万年，伴随着以手斧制作与勒瓦娄哇打片技术的阿舍利工业向外拓展为主要特点的第二次大规模迁徙，人类首次进入西伯利亚南端的阿尔泰山区[3]。至旧石器时代晚期，西伯利亚的阿尔泰山区在东北亚的石器技术扩散中已经扮演起心脏的角色，在不同的时代泵出新鲜的血液，将勒瓦娄哇石叶技术、棱柱状石叶技术和细石叶技术等石器工业新技术传播至东亚、东北亚的不同区域[4]。

公元前3000年末期开始到公元前2000年初期，西伯利亚地区开始向青铜时代阿凡纳谢沃文化过渡，并转变为饲养马、牛、羊的农业及畜牧业经济。后来，向奥库涅夫文化、安德罗诺沃文化、卡拉苏克文化等各种文化发展，并在公元前7世纪（塔加尔文化）进入了早期的铁器时代[5]。中世纪，西伯利亚地区相继为突厥和蒙古所统治。十六世纪下半叶，沙俄越过欧亚分界的乌拉尔山，向西伯利亚扩张，使它的版图迅速扩大，成为横跨欧亚大陆的军事封建殖民帝国[6]。

2012年以来，俄罗斯加快实施“东向”战略。中国作为俄罗斯全方位的战略协作伙伴，参与其东部地区的开发已成为中俄深化务实合作的重要机遇[7]。同时，随着双方合作的深入进行，为构建保障国家友好

---

1 包尔汉、冯家昇：《“西伯利亚”名称的由来》，《历史研究》1956年第10期。

2 尹铁超：《西伯利亚名考》，《西伯利亚研究》2010年第1期。

3 赵潮：《旧石器时代亚欧大陆高纬度地区人群的扩散及其对中国旧石器文化格局的影响》，《南方文物》2014年第2期。

4 李锋、陈福友、汪英华、高星：《晚更新世晚期中国北方石叶技术所反映的技术扩散与人群迁移》，《中国科学：地球科学》2016年第7期。

5 〔日〕加藤晋平，曲守成译：《西伯利亚、远东的原始·古代文化》，《北方文物》1993年第4期。

6 礼长林：《论沙俄向西伯利亚的扩张及其性质》，《史学集刊》1982年第1期。

7 石泽：《俄罗斯东部开发：中俄合作的视角》，《国际问题研究》2017年第1期。

8 赵常庆：《中国与中亚国家合作析论》，社会科学文献出版社，2012 年，第 167 页。
9 袁靖：《境外考古热中的冷思考》，《光明日报》2017 年 4 月 11 日 12 版。

合作的社会基础，人文合作必将成为两国开展合作的重要领域[8]。而随着中国考古学的不断发展，走出国门的考古工作已逐渐成为中国考古的新常态，并成为两国人文交流的重要内容。

2001 年，黑龙江省文物考古研究所率先与俄罗斯哈巴罗夫斯克边疆区地志博物馆合作，首次组成中俄联合考古队，发掘俄罗斯亥赫清尔区域奥西诺瓦亚列西夫卡遗址。2004 年，吉林大学边疆考古研究中心与俄罗斯科学院西伯利亚分院考古学与民族学研究所合作，发掘俄罗斯阿穆尔州伊凡诺夫卡区的特罗伊茨基墓地。2016 年，黑龙江大学与俄罗斯阿穆尔州历史文化遗产保护中心合作，联合发掘俄罗斯布拉格维申斯克市的乌斯季·伊万诺夫卡河口遗址[9]。这些联合考古项目所在地主要位于西伯利亚的远东地区，涉及新石器时代文化、隋唐时期靺鞨文化研究，不仅促进了两国考古界的相互了解，也拓宽了中国考古学者的国际视野。

2013 年 10 月，重庆市文化遗产研究院、重庆师范大学历史与社会学院、俄罗斯教育科学院大学联合成立中俄科技考古研究所（左起：武仙竹教授、邹后曦研究员、德罗兹多夫教授、马库洛夫研究员、李大地研究员）

2014 年 9 月，邹后曦、李大地研究员应邀参加第五届“蒙古和西伯利亚贝加尔古代文化国际学术会议”

参加第五届“蒙古和西伯利亚贝加尔古代文化国际学术会议”期间，考察阿丰达瓦遗址发掘现场

2016 年 5 月，参加“考古学、人类学与古动物学国际高端论坛”的中外学者合影

“考古学、人类学与古动物学国际高端论坛”会议期间，中国、俄罗斯、韩国三国的文化遗产保护专家参观巫山县高唐观遗址发掘现场

中国长江三峡地区和俄罗斯西伯利亚地区的叶尼塞河流域在旧石器时代考古中都具有极为重要的地位。为了推动中俄在相关考古研究中的科研合作，经过前期一系列的相互接触与交流，2017 年 5 月，我院与俄罗斯科学院西伯利亚分院考古学与民族学研究所签订《科研合作协议》，一致同意联合开展俄罗斯西伯利亚地区和中国西南地区石器时代的古代人类历史研究。

2017 年 8 月 15 日至 9 月 10 日，应俄罗斯科学院西伯利亚分院考古学与民族学研究所邀请，重庆市文化遗产研究院派出专业技术人员 11 人赴俄罗斯克拉斯诺亚尔斯克市与俄罗斯科学院西伯利亚分院考古学与民族学研究所共同组建联合考古队，对南西伯利亚、以米努辛斯克盆地为中心的叶尼塞河中游地区开展了联合考古工作。项目涉及俄罗斯

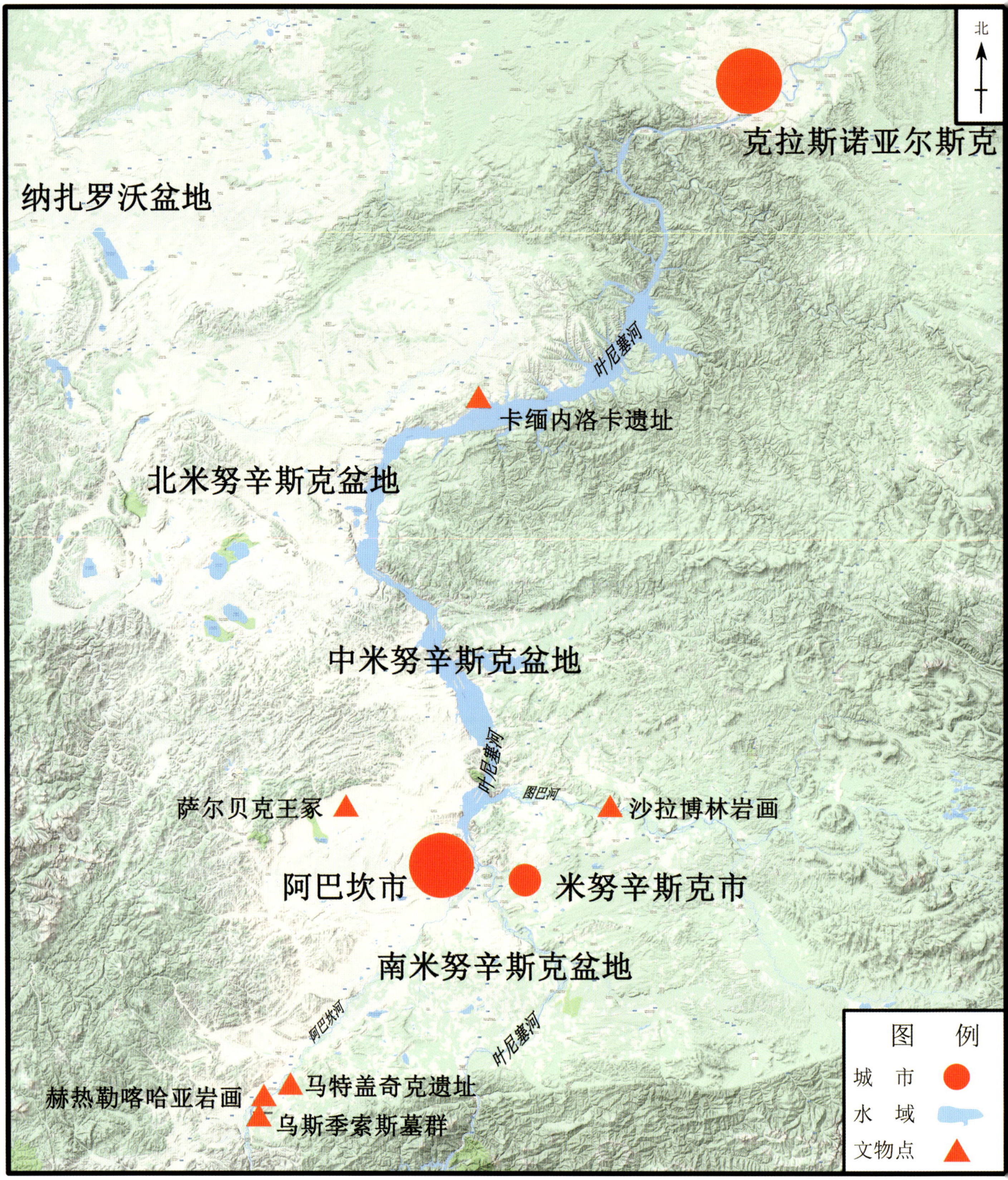

中俄西伯利亚联合考古工作区域地形示意图

联邦的克拉斯诺亚尔斯克边疆区和哈卡斯共和国，主要工作内容包括旧石器时代遗存考古调查与试掘、西伯利亚岩画考察、塔加尔文化墓葬调查与测绘以及交流访问等。经过中俄双方共同努力，项目最终取得了巨大收获：一是在叶尼塞河支流阿巴坎河中游新发现并发掘一处旧石器时代晚期遗址（马特盖奇克遗址），填补了该区域旧石器时代考古工作的空白；二是首次有中国考古工作者走进当地社区学校，成功开展了公众考古活动，进一步增进了中俄两国人民的友谊；三是通过与克拉斯诺亚尔斯克边疆区方志博物馆等当地文博科研机构的访问交流，增进了彼此信任，达成了更多的合作共识。

叶梅利亚诺夫国际机场（международный аэропорт Красноярска），俄方合作伙伴热情接待了刚下飞机的中方考古队员

中俄西伯利亚联合考古工作人员在克拉斯诺亚尔斯克边疆区与哈卡斯共和国边界的合影

归国队员合影

中俄西伯利亚联合考古工作队在卡缅内洛卡遗址验收合影

中俄队员在马特盖奇克遗址发掘期间合影

旧石器时代遗存调查与发掘

1871 年，俄国科研人员从伊尔库茨克的军事医院基址中发现旧石器时代的桂叶形石镞和用猛犸象牙制作的圆环，从此揭开了西伯利亚旧石器时代考古序幕[1]。1884 年，萨文科夫发现了后来著名的阿丰达瓦遗址，开启了叶尼塞河流域的旧石器时代考古工作。20 世纪二三十年代，奥尔巴克、格罗莫夫以及奥地利考古学家摩尔哈特等对叶尼塞河流域进行了集中地考古工作，包括阿丰达瓦、果格列夫、诺沃肖洛沃等遗址，逐步揭开这一区域古老的神秘面纱。20 世纪 60 ～ 80 年代，伴随着克拉斯诺亚尔斯克水库的建设，俄罗斯学者开展了大规模的抢救性考古发掘，大批遗址被揭露出来，以阿布拉莫娃为代表的一批学者将这一区域旧石器时代晚期文化研究推向了高潮，阿丰达瓦文化也得以闻名中外[2]。

萨文科夫

阿布拉莫娃

1989 年，中西伯利亚考古与古地理研究中心提出了库尔塔克地质考古区（Куртакский геоархеологический район）这一概念，它包括克拉斯诺亚尔斯克水库左岸，特里福诺夫卡遗址（Трифоновка Стоянка）与伊祖尔（Ижуль）湾之间长约 20 千米的区域，这一区域内集中了不同时代的旧石器遗址，成为中西伯利亚地区重要的考古学对象。

除叶尼塞河干流流域，作为叶尼塞河左岸最大支流之一的阿巴坎河流域则鲜有旧石器时代研究领域的考古学者关注，对其展开考古调查与发掘工作较少。因此，为了推动西伯利亚旧石器时代考古向广度和深度拓展，我们选择在上述两个区域开展旧石器时代遗存的田野考古工作。

1 冯恩学：《俄国东西伯利亚与远东考古》，吉林大学出版社，2002 年，第 2 页。

2 Sergey A. Vasil' ev, The Late Paleolithic of the Yenisei: A New Outline, *Journal of World Prehistory*, 1992, 6(3), 338.

阿巴坎河流域

乌斯季索斯旧石器时代文物点

中西伯利亚考古与古地理研究中心过去曾在阿巴坎河右岸、索斯河与阿巴坎河交汇处的考古调查中采集到石制品。为了确认这区域的旧石器时代遗存分布情况，我们首先对这一区域开展工作，选择可能埋藏的区域进行试掘，布设 1 米 ×2 米探沟 1 个。试掘结果表明该处地层堆积简单，第 1 层为表土层，第 2 层为棕红色砂土，第 3 层为黄褐色粉砂质黏土，未见任何人工遗物。探沟未试掘到底。通过阶地前缘的剖面，可见第 3 层直接叠压在红色基岩上，越靠近河岸堆积越薄，因此可以排除这一区域内存在旧石器时代遗址的可能性。

马特盖奇克遗址

马特盖奇克遗址是在对乌斯季索斯村以北、阿巴坎河下游的考古调查中新发现的一处旧石器时代遗址。调查中，我们在遗址的断坎上发现了包含石制品的原生堆积地层，并在地表采集到若干石制品。对遗址周边地形地貌及堆积阶地形成过程的考察发现，遗址上部由河流冲积物组成，下部为红色风化粉砂岩，为基岩风化所致，属于典型的基座阶地。

遗址位于马特盖奇克村东北约 3 千米的阿巴坎河右岸，遗址地表为草原，北部分布有大量塔加尔文化墓葬，南部为阿巴坎河。

马特盖奇克遗址位于阿巴坎河的右岸

遗址背后是广袤的草原和密集分布的塔加尔文化墓葬，阿巴坎河在此处水流平缓，河漫滩发育，阶地平缓，草场广布，是古人理想的生活场所

调查中发现的堆积断面

联合考古队在马特盖奇克遗址调查中采集了一些石制品，大家相聚一起观摩采集的石制品，互相讨论学习，并确定下一步工作计划

TG1 发掘前布方照

TG2 发掘前布方照

TG1 清理现场

经过协调，由中方主导 TG2 的发掘工作。中方考古队员在布方完成以后开始清理表土。与国内不同，俄罗斯考古发掘没有民工，所有工作全靠队员自己完成

清理石制品

测绘员记录测点信息。我们则通过全站仪结合多视角三维影像重建技术对遗物和探方进行测绘

中方队员观摩俄方记录员维克多的记录工作。俄罗斯考古团队里，一般都是指定专人负责记录

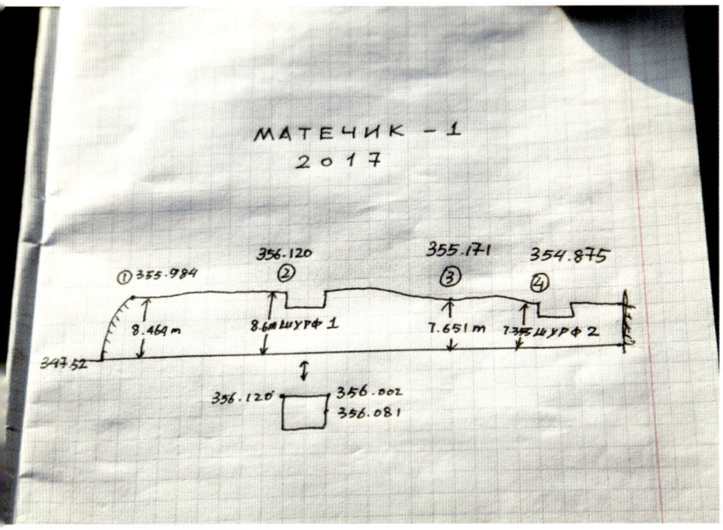

俄式田野考古日记

俄式器物标签

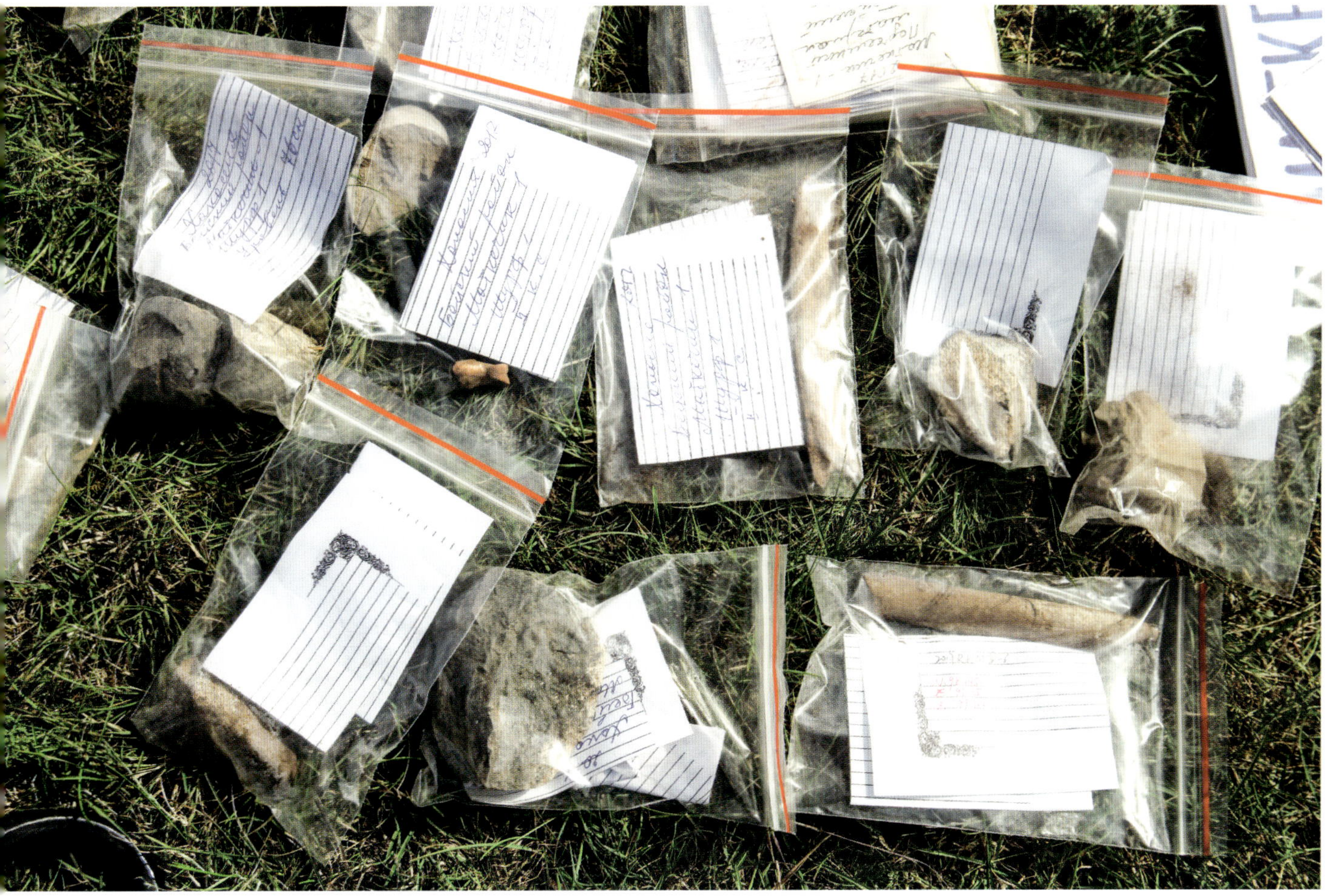
收集装袋的出土遗物

本次发掘布设 4 米 ×2 米和 2 米 ×2 米探沟各 1 个，编号分别为 2017RHMTG1 和 2017RHMTG2（以下简称为 TG1 和 TG2），两者相距 166 米，合计发掘 12 平方米。

马特盖奇克遗址地层堆积可分 9 层，以 TG1 北壁为例：

第 1 层：表土层。厚 3 ～ 5 厘米，内含大量的植物根茎。

第 2 层：灰色亚砂土。厚 9 ～ 12 厘米，土质疏松，内含少量植物根茎和分选、磨圆度较好的小砾石块。

第 3 层：亮棕色亚砂土。厚 70 ～ 75 厘米。

第 4 层：灰白色亚砂土。厚 10 ～ 16 厘米，土质致密。

第 5 层：灰色亚砂土。厚 20 ～ 35 厘米，土质较致密。

第 6 层：青灰色砂土。厚 60 ～ 70 厘米，土质较致密。

第 7 层：灰绿色粗砂土。厚 10 ～ 12 厘米，较致密。

第 8 层：棕色粗砂土。厚 10 ～ 15 厘米，较致密。

第 9 层：红色风化粉砂岩。厚 20 厘米，其下叠压基岩。

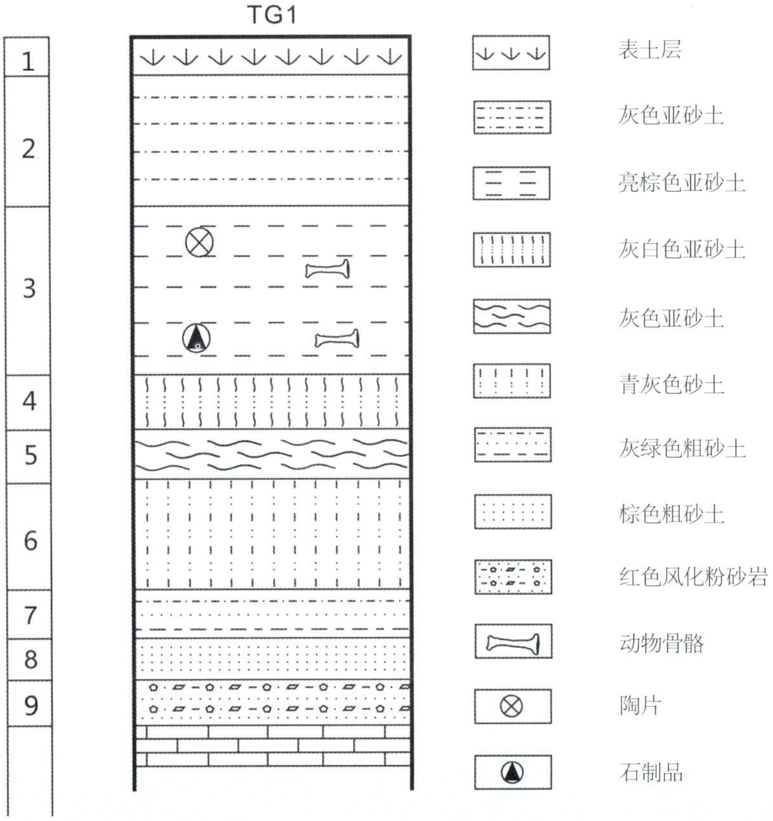

TG1 北壁剖面图

TG1 北壁剖面

通过多视角三维影像重建技术制图

马特盖奇克遗址出土石制品

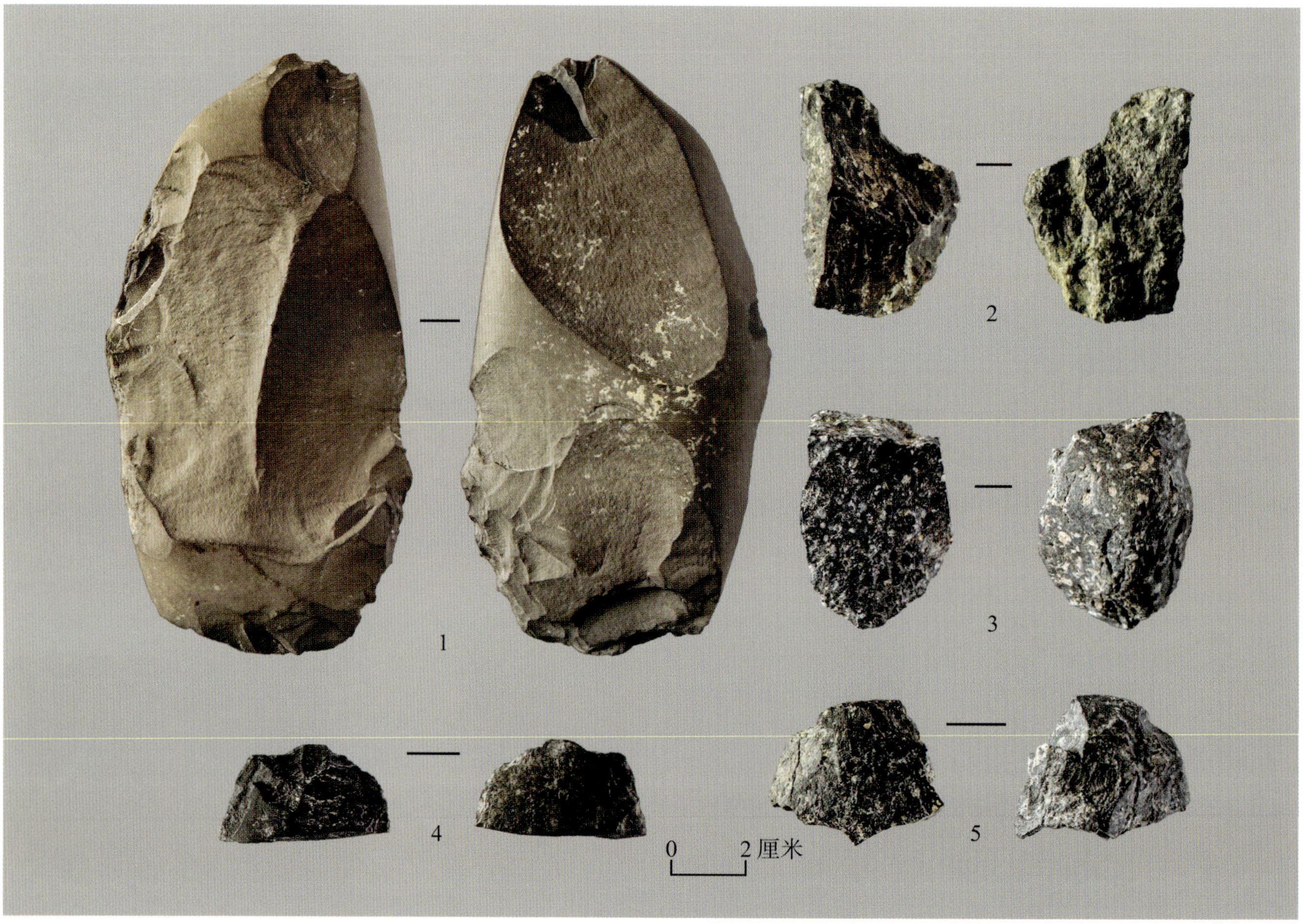

马特盖奇克遗址出土遗物标本30件，其中石制品23件，动物骨骼7件。石制品种类主要包括石片、石器和断块。石片可分为近端、远端、中间、左、右裂片和残片，未见完整石片。工具类有刮削器、锥以及两面器毛坯。

通过对叶尼塞河流域相同阶地、同类埋藏环境的其他遗址的考古学对比，我们初步推测该遗址的年代为旧石器时代晚期。马特盖奇克遗址的发现与发掘扩大了叶尼塞河流域旧石器时代遗址的空间分布范围，填补了该区域旧石器时代考古工作的空白。

按照俄方田野考古规程要求发掘完毕的探方必须回填，回填前做好标记

全体队员都参与发掘后的回填工作

库尔塔克地质考古区（卡缅内洛卡遗址）

卡缅内洛卡遗址位于克拉斯诺亚尔斯克边疆区诺沃肖洛沃区丘雷姆村。地表为现代农田和草场，地形为北高南低的坡状。本次发掘布设4米 ×2 米探沟一个，发掘面积8平方米。

遗址所在的库尔塔克地质考古区具有复杂的地质结构，发育深厚的黄土构成了库岸峭壁，底部是裸露风化的基岩

地层堆积共分14层，详情如下：

第1层：表土层。该层为黑灰色砂土，内含大量植物根茎，厚约10厘米。

第2层：黑灰色粉砂土。厚15～55厘米，土质疏松，内含少量植物根茎，局部夹杂黄色砂土。

第3层：红黄色砂土。厚15～30厘米，土质较疏松，内含少量植物根茎。

第4层：灰黄色粉砂土。厚70～80厘米，土质较致密，内含白色点状钙结合。

第5层：灰黄色细砂土。厚30～40厘米，土质较致密，较纯净，不见任何人工遗物。

第6层：灰黑色粉砂土与红黄色粉砂质土交互层。厚60～80厘米。

第7层：黄褐色细砂土。厚约30厘米，土质致密，呈西高东低的坡状。

第8层及其以下尚未发掘。但是根据剖面显示，第8层为红黄色砂土。厚约80厘米。

第9层：灰黄色粗砂土。厚约70厘米。

第10层：红黄色粉砂质黏土。厚30～35厘米，局部含有灰色细砂土条带。

第11层：褐黄色粉砂质黏土。局部含有灰色粉砂土条带，啮齿类动物洞穴形成的棕色团块，厚约55厘米。

第12层：浅棕色粉砂土。厚约20厘米，被侵蚀得高低不平，局部含有大量炭屑。

第13层：深棕色黏土。厚约46厘米。局部呈棕灰色团块，应是暖期形成，后期经历冰期，形成地裂，上部堆积灌入裂缝。

第14层：黄红色细砂土。厚约30厘米。同样存在冰期地裂上部堆积灌入裂缝的现象，该层直接叠压在基岩之上。

卡缅内洛卡遗址地层剖面。地层剖面记录着该地区的气候环境演变的信息，也见证了古人类在此生息繁衍的历史，遗物和沉积物信息是破解这一历史秘密的金钥匙

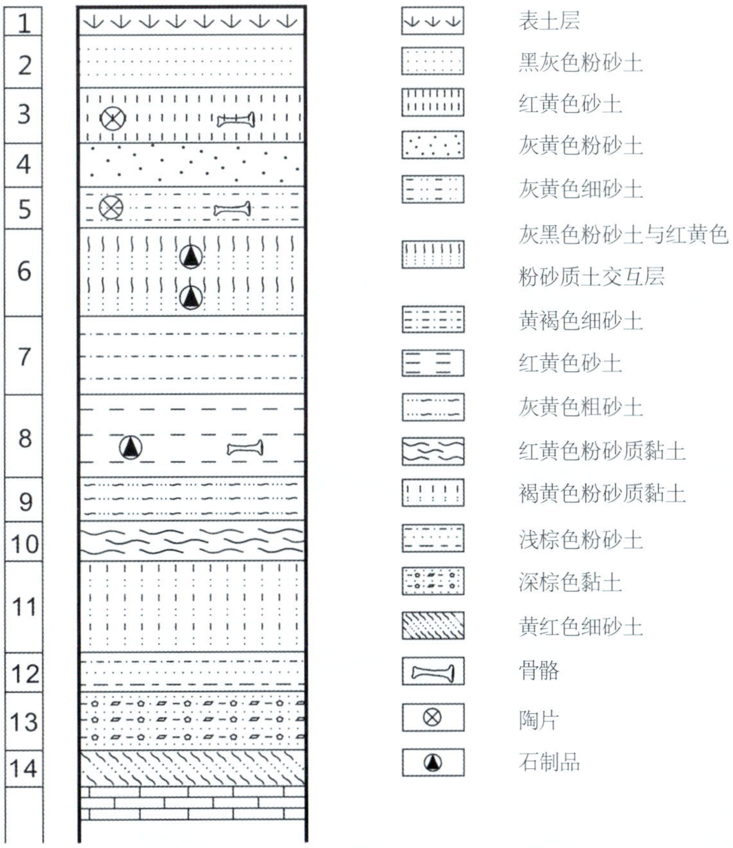

卡缅内洛卡遗址地层堆积示意图

遗址右侧的库岸线

卡缅内洛卡遗址发掘场景

早期地层中的冰期痕迹

早期地层中的炭屑

草原地区的天气是多变的，当狂风卷起乌云，叶尼塞河河水使劲地拍打着河岸，发掘区尘土飞扬，发掘人员戴上既能防蚊虫叮咬、又能一定程度防止尘土的纱帽抓紧时间清理

卡缅内洛卡遗址出土遗物标本45件，均为石制品，种类主要包括石片、石器、断块及碎屑。石片多为残片，完整石片仅见I-1、I-2、I-3型石片3件，左、右裂片和近端、远端断片也仅1件。工具仅见锥和边刮器。

卡缅内洛卡遗址出土部分石制品

休息中的俄方队员

看报纸打发等待时间的司机

遗址前方是宁静天空下的“克拉斯诺亚尔斯克海”

地表盛花开的野花

岸边的酢浆草

赫热勒喀哈亚岩画中的羊

西伯利亚岩画考察

悬崖峭壁上，寻找岩画的踪迹

西伯利亚岩画是世界岩画的重要组成部分，数量众多、分布广泛、历史悠久、类型丰富，反映了作画民族特定的生产生活以及宗教观念，具有非常重要的学术价值及艺术价值。

赫热勒喀哈亚岩画

赫热勒喀哈亚岩画是近年新发现的一处岩画点，位于哈卡斯共和国别亚区，分布在索斯河右岸赫热勒喀哈亚山上长约200米的岩壁上。

乌斯季索斯（自然文化）露天博物馆馆长塔吉亚娜·格奥尔基耶夫娜作为向导一起参与了本次考察。该处岩画点岩画数量较少，共发现5组岩画，均为凿刻研磨型岩画，类型较为单一，以野生动物群落的表现为主。从艺术风格上来看，存在两种风格：一种是以简单粗犷的线条勾勒轮廓，凿刻较浅，较为抽象与符号化，仅注重平面表现，缺乏立体感；另一种是以流畅的线条勾勒轮廓，凿刻较深，立体感更强，整个画面形象生动，更加突出写实风格。根据对该区域岩画的类型分析、对比研究，初步判断该岩画点的年代为青铜时代晚期至铁器时代早期，岩画凿刻研磨的目的很可能是为了祈求在狩猎活动中获得丰收而举行的某种祭祀活动。

遥望赫热勒喀哈亚山

赫热勒喀哈亚山山顶

赫热勒喀哈亚山上觅食的马群

乌斯季索斯（自然文化）露天博物馆馆长塔吉亚娜介绍赫热勒喀哈亚山及周边历史地理环境

赫热勒喀哈亚山坡下的沙棘果实快熟了。生活在西伯利亚的居民远在 18 世纪就已懂得用沙棘果制成十分美味可口的食品。由于沙棘果吃起来清香可口，苏联人称其为西伯利亚菠萝，但其营养价值远超菠萝，同时还具有重要的医疗价值

德罗兹多夫教授示范拓片制作，先是取适合的尺寸，平铺在岩画上，然后用抹布沾上水，均匀的将纸打湿，让其彻底贴附在岩石上，同时重点在有岩画的部分施力，让纸完全嵌入岩画中。接着待水蒸发，晾干后，在手掌上倒上油画用的黑颜料，均匀地涂抹到纸上

学习俄式拓印的中方队员

拓印完成

“萨满”和夸张的鹿角

头朝下倒立的人，代表着死去的人

俄罗斯拓片用纸叫作“米格凌特”，是定制的特殊化纤纸，柔软但又不容易撕裂

动物群落拓片

动物群落

沙洛博利诺岩画

沙洛博利诺岩画（也有译为沙拉博利诺岩画、沙拉博林岩画）位于克拉斯诺亚尔斯克边疆区库拉金斯基区，分布于图巴河右岸靠近河流的崖壁上，是西伯利亚岩画的精华。

沙洛博利诺岩画绵延3千米，数量众多，类型丰富，延续时间长，基本为凿刻研磨形岩画，也有少量晚期绘制岩画（因其绘制时代晚、绘制粗糙，艺术和学术价值较低，未纳入本次考察内容）。沙洛博利诺岩画内容

图巴河对岸所见沙洛博利诺岩画地理环境

较为庞杂，主要包括动物或动物群（驯鹿、驼鹿、兔子、马、牛、羊、鸟、熊、野猪）、人（狩猎、游牧及战斗场景）、萨满（头部戴角的人或类人图像）、船棺水葬（船在当地文化中属于通人和神的器物，人去世以后，以船为棺，实行水葬人棺顺河而下。这种文化习俗类似于鄂温克族。对于河流的认识：上游为天，神之所在；中游为人的世界；下游为阴，属于逝去的灵魂）、体现生殖崇拜的图像（代表男性的正三角形加竖条形图案、代表女性的倒三角形图案、突出男根形象）等。既有单独表现某一类型岩画组，如单独的站立驯鹿或是行走的驼鹿、牛、萨满等，也有多种类型的岩画组合构成的岩画组，如放牧、船棺水葬与萨满内容共同组成的岩画组。此外，不同时期岩画构成的岩画组内容更为庞杂。按照岩画的表征，大致分为祈求狩猎活动中丰收的祭祀活动（如对动物及动物群落的表现，这些应该是作画民族的主要狩猎对象）、精神世界（萨满、船棺水葬、男根或女阴的生殖崇拜等）、生产生活（狩猎、放牧、骑马牵鹿等）三大类。

通过对加工工具类型的分析、岩画本身图案的分类与比较研究，以及岩画图案之间叠压打破关系的判断，沙洛博利诺岩画时代涉及新石器时代、青铜时代和早期铁器时代三个时间段。

薄雾散去的图巴河

图巴河岸边的诱人红果

早在沙俄时期，俄罗斯学者就开始了对西伯利亚岩画的研究工作。时至今日，他们在岩画的研究理论、方法与技术手段方面积累了丰硕的成果，具有丰富的经验。通过本次考察，我们得以了解西伯利亚岩画的内涵、风格、俄方对此类遗迹的记录手段、研究方法及保护手段等重要内容，拓展了视野。

标注水平线，在拓片的右下角标注水平线是拓片制作的重要内容

在高高的崖壁上刻写原始宗教的神秘

行走在图巴河岸边的小路上，寻找岩画的踪迹

与新西伯利亚国立大学团队的联合调查合影

利用显微镜观察岩画

与新西伯利亚国立大学岩画团队领队交流

在沙洛博利诺岩画崖壁顶部的合影

“马”

安加拉风格的行走驼鹿

米努辛斯克风格的站立驼鹿

“船棺”

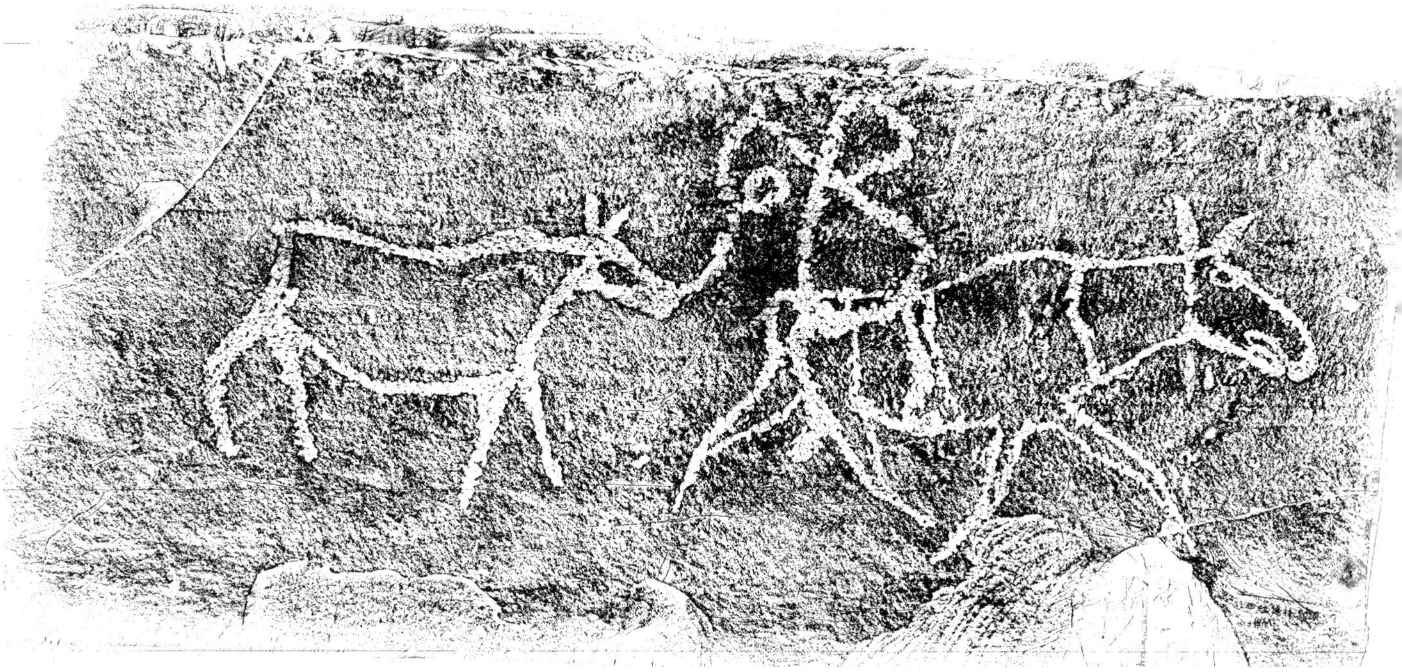

“人骑马牵鹿”拓片

“萨满”

动物群落、船棺水葬及“萨满”拓片

动物群落、船棺水葬及“萨满”

石质工具痕

金属工具痕

岩画叠压打破现象

塔吉亚娜介绍角柱上的刻划文字

乌斯季索斯塔加尔文化墓群调查

辽阔的哈卡斯草原上广泛分布着一种特殊的墓葬，这类墓葬地表或微微隆起，或高耸于地表的土丘，围绕土丘树立有石板砌筑的围墙。这些带有石围墙的墓冢早在第二次堪察加远征（1733 ～ 1743 年）期间就引起了俄罗斯探险家的注意。

1739 年的夏秋之交，历史学家杰拉德·弗里德里希·米勒(Герардом Фридрихом Миллером) 和博物学家约翰·格奥尔格·戈麦林 (Иоганн Георг Гмелиным) 对南西伯利亚的米努辛斯克盆地进行了详细考察。米努辛斯克盆地内的墓冢数量丰富，分布广泛，引起了米勒、戈麦林以及彼得·西蒙·帕拉斯 (Петер Симон Паллас) 等探险者的兴趣。他们进行了长期考察，并搜集了许多珍贵资料，促进了西伯利亚历史研究的发展。因此这些墓冢也被认为是西伯利亚考古学发展的第一个来源[1]。

1 Э.Б. Вадецкая：《Археологические памятники в степях Среднего Енисея（叶尼塞河中游草原的考古遗存）》，Издательство «Наука»，1986 年，第 180 页。

羊群穿过古老的墓地

从赫热勒喀哈亚山上遥望乌斯季索斯墓群所在的索斯盆地

在古老墓地上策马奔腾的哈卡斯人

8 月份，哈卡斯草原上的野生鸢尾花

由于最先在哈卡斯共和国巴帖尼村附近卡拉苏克河畔发掘此类墓葬，C.A. 捷布洛霍夫称其为“卡拉苏克”墓。1929 年，C.B. 吉谢列夫对公元前第一千年后的卡拉苏克遗迹作了分类，将其称为塔加尔文化[2]。因为这些墓冢容易被发现，所以大部分遭到了盗掘与破坏，而保存相对完好的乌斯季索斯墓群也就显得尤为珍贵了。

乌斯季索斯墓群位于米努辛斯克盆地的西南部，哈卡斯共和国别亚区的乌斯季索斯村。墓群分布于叶尼塞河支流阿巴坎河右岸与索斯河之间的冲积平原上，地势较为平坦。

2 〔苏〕吉谢列夫著，王博译：《南西伯利亚古代史》，新疆人民出版社，2014 年，第 192 页。

掩藏在草丛中的古老墓葬

落日余晖下的石柱

由于时间所限，联合考古队仅对村庄北部与乌斯季索斯（自然文化）露天博物馆相邻的区域进行了考古调查。利用全站仪、GPS等测绘设备并结合地理信息技术对其中的25座墓葬进行了测绘与记录，获取了关于墓群的基础信息，为后续相关保护与研究工作奠定了基础。

乌斯季索斯墓群的墓葬结构是墓坑之上有略高于地表1～2米的封土，在封土上竖埋褐色砂岩石板并围出长方形或方形框的围墙。围墙分为单框、双框及多框。单框墓平面呈方形，边长8～10米；双框墓一般长约16、宽约8米；多框墓长22～26、宽8～10米。石板超出地表部分高为0.8～1.2米，厚30～70厘米，立面呈不规则梯形或锥形。25座墓葬由西南向东北成组排列，大致可分为4排，未见叠压或打破现象，反映出墓地具有一定的规划。25座被测墓葬中有2座发现有盗洞。构筑墓葬的石板经调查初步判断来源于附近赫热勒喀哈亚山。

跟随德罗兹多夫教授考察塔加尔文化墓葬

记录测点数据

查看测点数据

1 号墓

1 号墓角柱上的突厥文字

由于未能对墓葬展开考古发掘，因此我们只能根据墓葬封土以及封土上面竖埋石板组成的围墙结构的变化来推测墓葬的时代。根据俄罗斯学者研究，卡拉苏克和塔加尔早期墓葬的围墙结构具有相似性，都有方形石围墙或方形石围墙相连而成的长方形石围墙。封土方面，都有低平的封土[3]。而到了塔加尔文化的中晚期，墓葬形制显著变化，石围墙的四角和墙的中间都立有大石块[4]，封土也显著增高[5]。乌斯季索斯墓群墓葬封土低平，环绕封土砌筑有方形石围墙或方形石围墙相连而成的长方形石围墙，但在石围墙的四角和中部出现了相对巨大的立石，因此我们推测其时代为塔加尔文化的中期，具体来讲大约为波德格尔诺夫期，绝对年代为公元前 6 世纪～前 5 世纪。乌斯季索斯围墙和立石皆朝向东北，并在石围墙的东南角往往向外延伸一道石墙，石墙的末端立有片状巨石，表明墓葬朝向为东北。

3 〔苏〕吉谢列夫著，王博译：《南西伯利亚古代史》，新疆人民出版社，2014 年，第 196 页。

4 乌恩岳斯图：《关于早期游牧人文化研究中的几个问题》，《内蒙古文物考古》2003 年第 2 期。

5 〔苏〕吉谢列夫著，王博译：《南西伯利亚古代史》，新疆人民出版社，2014 年，第 253 ～ 256 页。

4 号墓

4 号墓侧视

6 号墓封土中央的盗洞

17 号墓

18 号墓

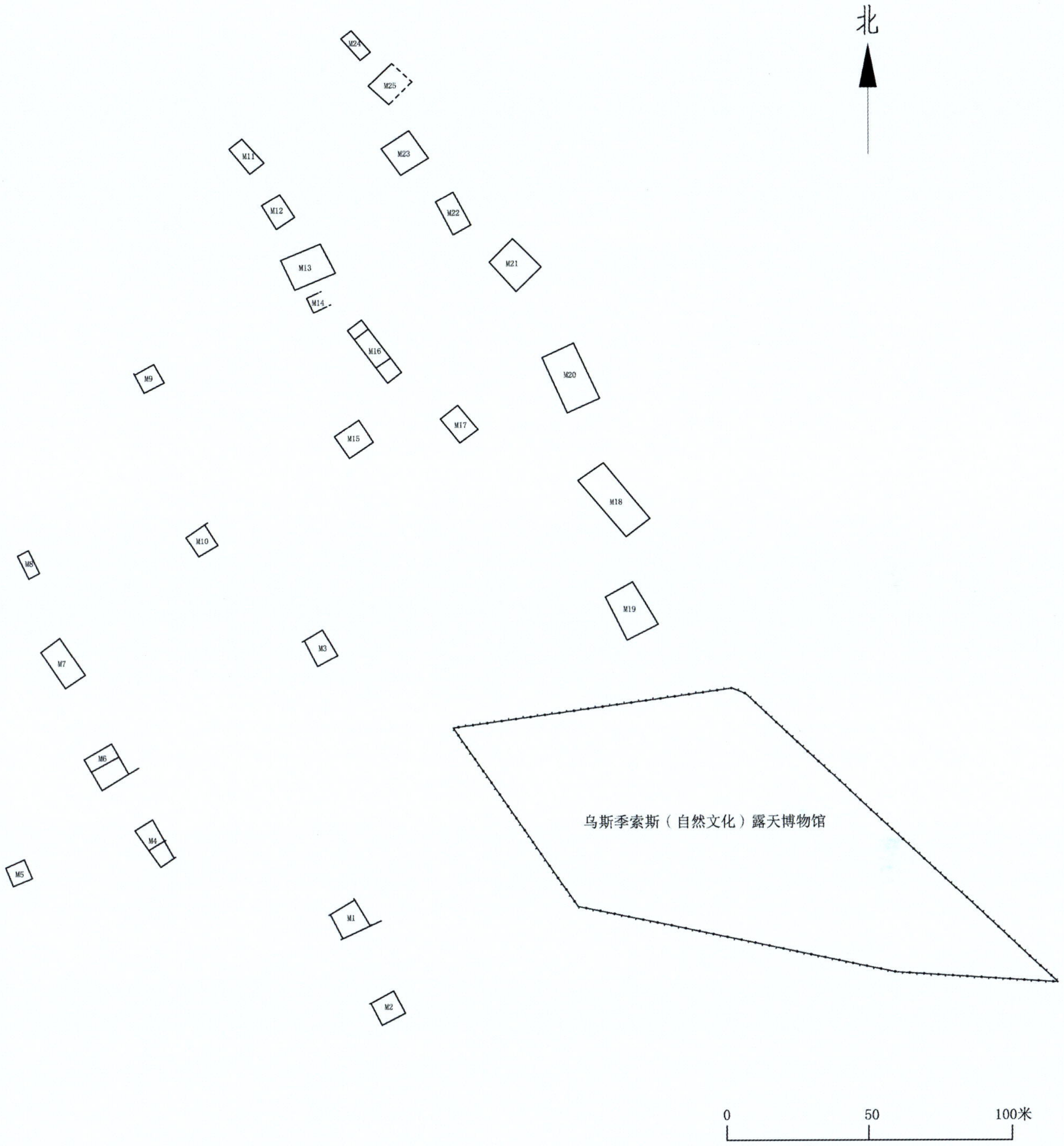

乌斯季索斯墓群分布总平面图（局部）

M24
M25
M11
M23
M22
M12
M13
M21
M14
M16
M15
M20
M9
M17
M18
M8
M10
M19
M7
M3
M6
M4
M5
M1
M2
卫星影像图

米努辛斯克博物馆馆藏的塔加尔文化的墓葬模型

塔加尔文化（Тагарская культура）是继卡拉苏克文化之后的早期铁器时代文化，得名于米努辛斯克市附近的塔加尔湖。主要分布于叶尼塞河中游的米努辛斯克盆地，其存续时间为公元前 7 世纪～前 1 世纪。划分为四期：巴伊诺夫期（баиновский этап，公元前 7 世纪～前 6 世纪）、波德格尔诺夫期（подгорновский этап，公元前 6 世纪～前 5 世纪）、萨拉戈什期（сарагашенский этап，公元前 4 世纪～前 3 世纪）和杰欣期（тесинский этап，公元前 2 世纪～前 1 世纪）。该文化有发达的青铜器，具备了典型的“斯基泰三要素”。最具代表性的兵器是短剑和战斧。居民过着定居生活，经济以农业为主，兼营畜牧业[6]。塔加尔文化的墓葬结构及陶器的形制和纹饰，与长城地带的早期铁器时代文化有显著区别[7]，但同时也与其他地区的斯基泰系文化有异，表现在马具较少。塔加尔文化的居民已经引入了铁，并开始制成利器使用[8]。

6　乌恩：《欧亚大陆草原早期游牧文化的几点思考》，《考古学报》2002 年第 4 期。

7　乌恩岳斯图：《关于早期游牧人文化研究中的几个问题》，《内蒙古文物考古》2003 年第 2 期。

8　〔日〕藤川繁彦、高浜秀、林俊雄、雪嶋宏一著，晓辰译校：《北亚的游牧骑马文化》，《北方文物》1992 年第 3 期。

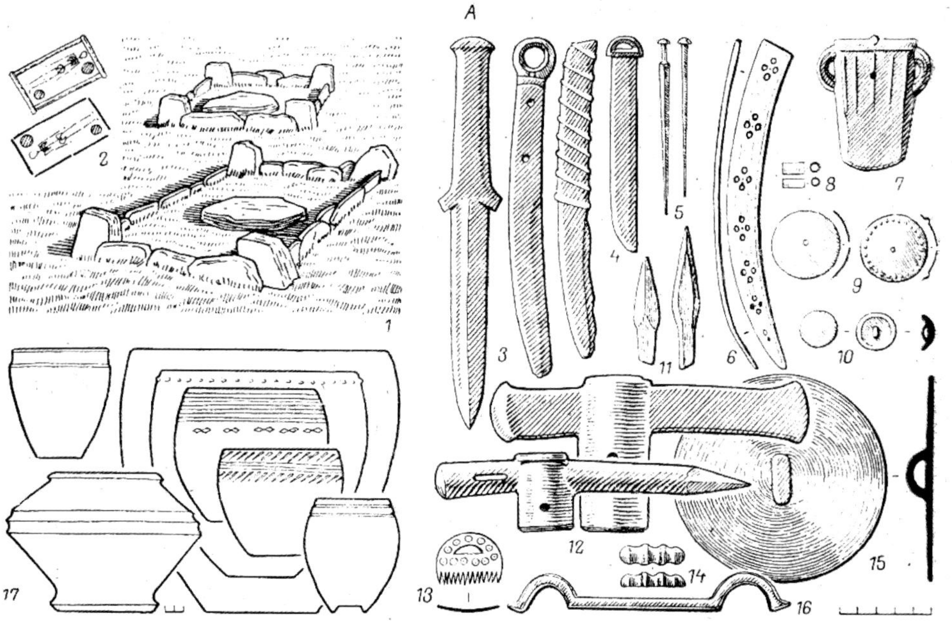

Табл. VI. Тагарская культура.

А — баиновский этап: *1* — виды оград (реконструкция М. П. Грязнова); *2* — виды могил; *3*, *11*, *12* — оружие; *4—7* — орудия труда; *8—10*, *14* — украшения; *13—15* — предметы туалета; *16* — пряжка колесничего; *17* — керамика.

塔加尔文化之巴伊诺夫期墓葬建筑及遗物

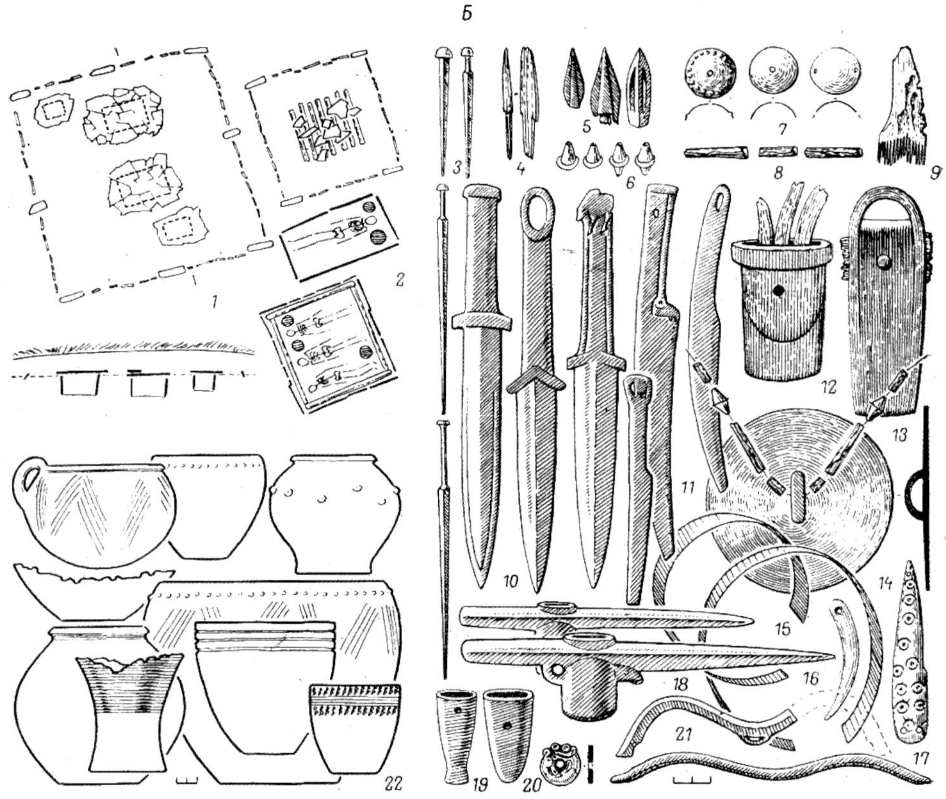

Табл. VI (*продолжение*).

Б — подгорновский этап: *1* — планы оград; *2* — виды могил; *3*, *11—13*, *17* — орудия труда; *4*, *5*, *10*, *18*, *19* — оружие; *6—8*, *15*, *16*, *20* — украшения; *9*, *14* — предметы туалета; *21* — «пнн»; *22* — керамика.

塔加尔文化之波德格尔诺夫期墓葬建筑及遗物

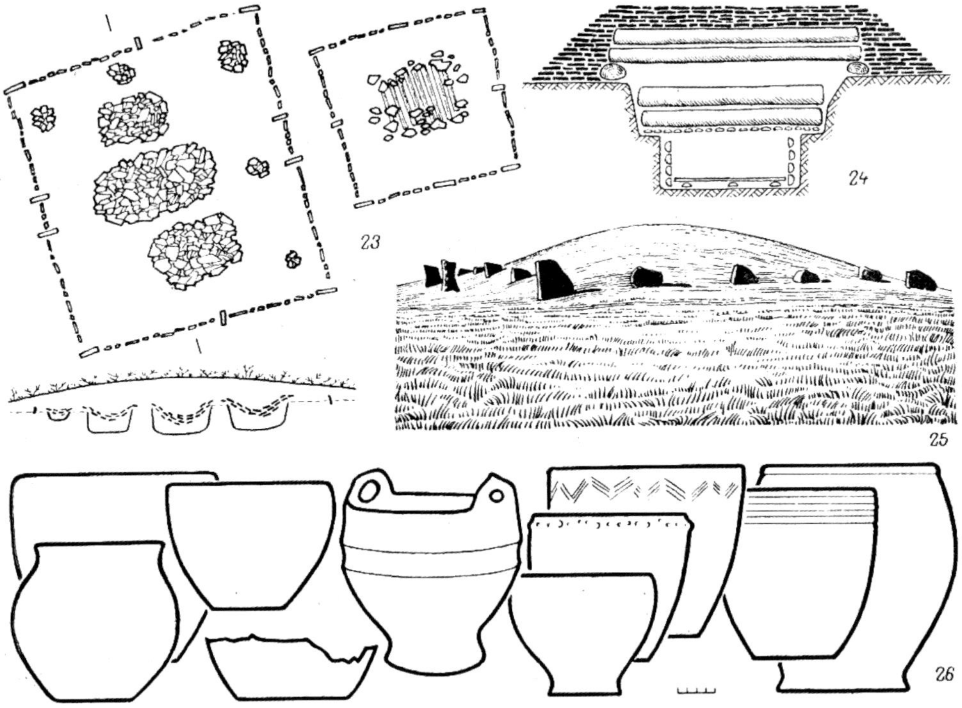

Табл. VII (*продолжение*).

23 — планы оград; *24* — реконструкция погребального сооружения у с. Тесь; *25* — курган Салбык до раскопок; *26* —керамика

塔加尔文化之萨拉戈什期墓葬建筑及遗物（图 25 为发掘前的萨尔贝克王冢）

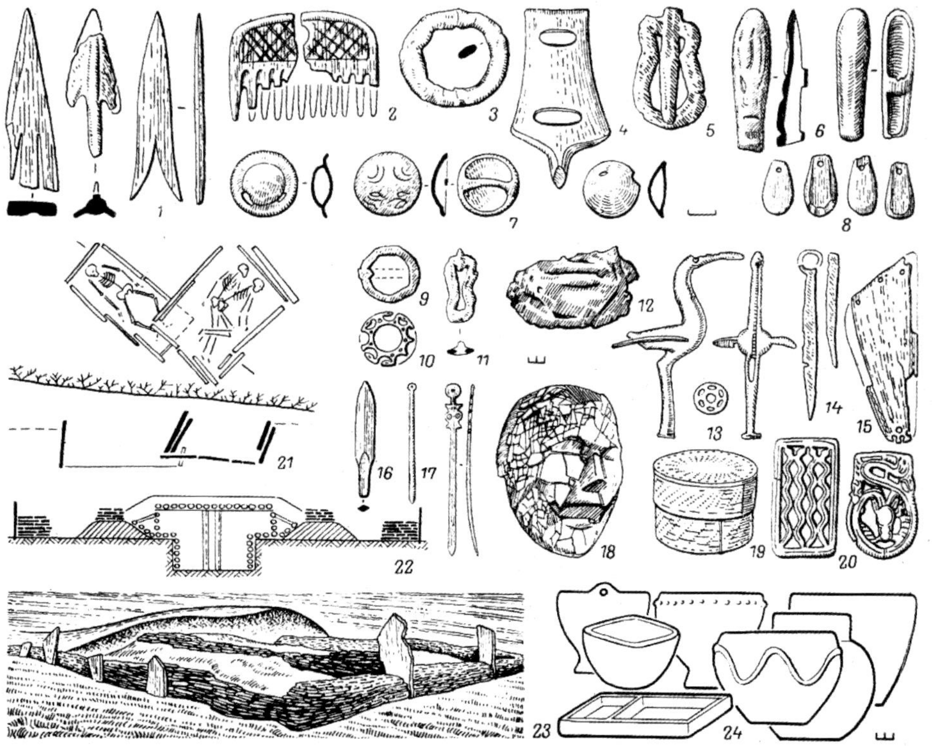

Табл. VIII. Тагарская культура, тесинский этап и инокультурные могилы II в. до н. э.—I в. н. э.

1, 16 — наконечники стрел; *2* — гребень; *3—5, 9, 11* — пряжки; *6* — ложечковидные застежки; *7* — пуговицы; *8* —подвески; *10, 20* — ажурные бляхи; *12, 18* — глиняные маски; *13* — бронзовые фигурки гусей; *14* — ножи; *15* — обкладка колчана; *17* — роговые булавки; *19* — берестяная коробочка; *21* — виды грунтовых могил; *22, 23* — курган Барсучиха I (реконструкция и внешний вид); *24* — керамика.

塔加尔文化之杰欣期墓葬建筑及遗物（图片来源：《叶尼塞河中游草原的考古遗存》）

下篇

友谊之桥

与米努辛斯克博物馆工作人员合影

访问与交流

在开展田野考古工作的过程中，受俄方邀请，我们参观访问了行程沿线的文物古迹以及文物保护、科研机构，对俄罗斯在文化遗产保护、利用开发与宣传教育等方面的情况有了初步了解。

考察的文物古迹包括 2 处旧石器时代遗址和 1 处塔加尔文化古墓葬，分别是克拉斯诺亚尔斯克边疆区的阿丰达瓦遗址（Афонтова гора Стоянка）、利斯特文卡遗址（Лиственка Стоянка）以及位于哈卡斯共和国的萨尔贝克王冢（Большой Салбыкский курган）。

阿丰达瓦遗址位于克拉斯诺亚尔斯克市西南部，靠近克拉斯诺亚尔斯克市的铁路桥，由叶尼塞河左岸的四座台地组成，是西伯利亚中部最重要的旧石器时代遗址。1884 年萨文科夫（И. Т. Савенковым）发现该遗址。我院邹后曦、李大地两位研究员曾受邀于 2014 年访问过阿丰达瓦遗址发掘现场，时至今日，为配合当地跨河大桥建设的考古发掘已经结束，过去的发掘现场变成了机器轰鸣的施工工地，大桥正在紧张建设中。

利斯特文卡遗址位于叶尼塞河支流利斯特文卡河的右岸，隶属于克拉斯诺亚尔斯克边疆区季夫诺戈尔斯克市（位于克拉斯诺亚尔斯克西南约 20 千米处），是一处旧石器时代晚期遗址（距今 1.65 万～1 万年）。遗址于 1982 年由 A. 古里亚诺夫和季夫诺戈尔斯克市博物馆馆长 K.V. 热尔雅诺夫发现。1983 ～ 1997 年，德罗兹多夫和 E.V. 阿基莫娃分别带领克拉斯诺亚尔斯克国立师范大学团队对其进行了考古发掘及研究，发现遗址堆积厚达 25 层，主要由两种文化构成，上部为果格列夫文化，下部为阿丰达瓦文化。遗址发掘完毕后，作了恢复地表植被处理。

考察利斯特文卡遗址

利斯特文卡遗址既往发掘区现状

萨尔贝克王冢位于哈卡斯共和国乌斯季阿巴坎区萨尔贝克山谷（Салбыкской долине）内。由历史学家米勒于1739年首次发现并记录。山谷内有超过100座的塔加尔文化时期的“库尔干”，其中15个属于超大型墓葬（直径超过50米）。萨尔贝克王冢土丘原是金字塔形，最初的高度超过了20米。土丘下方是由巨大石板围砌的方形围栏，边长71米。所用的泥盆纪砂岩石块开采自18千米远的克兹尔哈亚山（Хызыл Хая）。1954～1956年，莫斯科国立大学吉谢列夫教授（Сергея Владимировича Киселева）率领团队对其进行了发掘，发掘之后保留下了巨石构筑的围墙。2007年，当地政府建成了萨尔贝克草原古冢博物馆（Музей «Древние курганы Салбыкской степи»），成为哈卡斯共和国境内一处著名的旅游景点。

以上三处古迹都是联邦级别的文化遗产保护对象，根据俄罗斯联邦文化部2015年9月1日第2328号命令，其完整地理位置、摄影图像等信息不能对外公开。

萨尔贝克王冢发掘纪念碑

萨尔贝克王冢全景

在萨尔贝克王冢合影留念

萨尔贝克王冢巨石构筑的围墙

西伯利亚悠久的历史留下了丰富的历史古迹和文化遗产，为了保护这些古迹和文化遗产，当地政府建立了各种类型的博物馆来存放、保护以及展示这些珍贵的历史古迹和文化遗产。这些博物馆有的可以追溯至 19 世纪的俄罗斯帝国。在俄方的陪同下，我们参观访问了克拉斯诺亚尔斯克边疆区方志博物馆、哈卡斯国家地方史博物馆（以列昂尼德·基兹拉佐夫命名）、米努辛斯克博物馆等当地文博机构，并与相关负责人进行了友好交流。

克拉斯诺亚尔斯克边疆区方志博物馆（Красноярский краевой краеведческий музей），位于杜布罗夫斯基大街 84 号，毗邻著名的叶尼塞河大桥。博物馆建筑是一座仿古代埃及神庙建造的建筑物，建于 1914 ～ 1929 年。博物馆收藏藏品超过 48 万件。2002 年，该博物馆成为俄罗斯博物馆联盟的成员。克拉斯诺亚尔斯克边疆区方志博物馆是西伯利亚地区最大的博物馆，同时也是一家综合性的博物馆。

克拉斯诺亚尔斯克边疆区方志博物馆

参观博物馆的学生

克拉斯诺亚尔斯克边疆区方志博物馆展出的阿凡纳谢沃文化陶器

克拉斯诺亚尔斯克边疆区方志博物馆展出的萨满服饰

克拉斯诺亚尔斯克方志博物馆参观合影

哈卡斯国家地方史博物馆（以列昂尼德·基兹拉佐夫命名）（Хакасский национальный краеведческий музей им. Л.Р. Кызласова）位于哈卡斯共和国首府阿巴坎市普希金大街 28A 号。该博物馆最早可追溯至 1929 年在乌斯季阿巴坎村建立的博物馆，1931 年升级为地区博物馆，2007 年被确定为国家级博物馆，并以著名考古学家、莫斯科国立大学教授列昂尼德·基兹拉佐夫的名字命名。目前，该博物馆已有超过 12 万件藏品，包括考古学、人类学、艺术类藏品，以及古代文献、自然科学标本、钱币等。该博物馆最重要的藏品是距今约 5000 年前的奥库涅夫文化的石雕像。这些石雕像被称为“叶尼塞的偶像”，图像内容包括拟人化的三眼脸、太阳形的神灵、神奇的动物和动物头像。到目前为止，科学家们一直在争论这些图像的含义[1]。

1 哈卡斯国家地方史博物馆：http://nhkm.ru/index.php?option=com_content&view=article&id=24&Itemid=200&lang=ru。

哈卡斯国家地方史博物馆（以列昂尼德·基兹拉佐夫命名）

哈卡斯国家地方史博物馆（以列昂尼德·基兹拉佐夫命名）新馆展陈大厅

哈卡斯国家地方史博物馆（以列昂尼德·基兹拉佐夫命名）展出的奥库涅夫文化石像

奥库涅夫文化石像细部特写

哈卡斯国家地方史博物馆（以列昂尼德·基兹拉佐夫命名）收藏的中国古代铜镜

米努辛斯克博物馆（Музей Минусинск；又名马蒂亚诺夫博物馆 Музей Мартьянова）位于米努辛斯克市列宁街 60 号，是西伯利亚最古老的博物馆，成立于 1877 年 6 月，由尼古拉·米哈伊洛维奇·马蒂亚诺夫（Николаем Михайловичем Мартьяновым，1844 ～ 1904）创立。马蒂亚诺夫编写的《米努辛斯克博物馆章程》被视作西伯利亚地区后来建设的诸多博物馆的制度基础。博物馆藏品超过 19 万件，主要是古代居住在叶尼塞河上游和中游地区（现今克拉斯诺亚尔斯克地区的南部，包括哈卡斯和图瓦共和国）人民的自然和历史文化遗产[2]。

2　米努辛斯克博物馆官网：http://xn----8sbahmlpvellw0ag7lzb.xn--p1ai/。

米努辛斯克博物馆

米努辛斯克博物馆馆长赠送中方书籍

米努辛斯克博物馆展出的塔施提克文化陶面具

米努辛斯克博物馆展出的奥库涅夫文化石像

米努辛斯克博物馆收藏的阿巴坎宫殿（Ташебинский дворец）建筑复原模型

阿巴坎宫殿遗址出土的“天子千秋万岁长乐未央”瓦当

乌斯季索斯（自然文化）露天博物馆（Музей под открытым небом “Усть-Сос”）位于哈卡斯共和国别亚区乌斯季索斯村。该博物馆于2010年建成开放。博物馆门口树立有图腾柱，柱头雕刻人面，人面下雕刻有太阳标志，然后是匕首，第三个是酒瓶。博物馆主要展出奥库涅夫时代的一座石雕像，同时展现了哈卡斯的传统文化和生活，是哈卡斯共和国的主要景点之一。

哈卡斯共和国乌斯季索斯（自然文化）露天博物馆

博物馆内展出的奥库涅夫文化石碑

哈卡斯传统民居“尤尔塔”

馆长塔吉亚娜女士及杰尼斯演示萨满祭火仪式

在哈卡斯共和国别亚区，我们应邀在别亚寄宿学校（МБОУ “Бейская школа-интернат”）开展了一次特殊的“考古走进校园”的公众考古活动。校长弗拉基米尔·伊万诺维奇邀请我们参观学了学校的教室、缝纫和木工手工制作室、残障儿童训练室、图书室、办公室等场所，我们向学校老师们简要介绍了重庆的城市和文化以及本次联合考古工作的收获。

与别亚寄宿学校老师们合影留念

参观别亚寄宿学校的缝纫手工室

向别亚寄宿学校赠送拓片

乌斯季索斯营地篝火畅聊

苦乐同行

克拉斯诺亚尔斯克是西伯利亚地区重要的中心城市，经济较为发达。在俄罗斯货币最小面值的10元卢布上可以见到这座城市的两处地标性建筑：一是建于1895年的叶尼塞河大桥，全长1000米，跨度145米，在当时的世界绝无仅有，整个城市的气质就如同这座大桥，刚毅安静，持久实用；二是帕拉斯科娃星期五教堂，位于当地人称“守卫山”的山顶上，据传这里曾经是一座鞑靼人的庙宇，于19世纪早期改建为东正教教堂，1852～1855年在此基础上建成保存至今的石质八棱礼拜堂，它象征着这座城市的历史。

十卢布钞票的正面印有克拉斯诺亚尔斯克市的两大著名景点：叶尼塞河大桥和星期五教堂

从克拉斯诺亚尔斯克酒店遥望克拉斯诺亚尔斯克边疆区方志博物馆和叶尼塞河大桥

帕拉斯科娃星期五教堂（Часовня Параскевы Пятницы）建于1852～1855年，位于克拉斯诺亚尔斯克市的守卫山（Караульная гора）上，是一座东正教教堂，是该市的象征之一

克拉斯诺亚尔斯克和平广场（площадь Мира）

中俄联合考古队在这里第一次全体会面后，开始做好开赴田野工作之前的各项准备工作。俄方尽地主之谊，陪同中方参观该市著名的方志博物馆、和平广场，了解该区域丰富的历史文化和多样的自然人文景观和古迹。

俄罗斯地广人稀，这对田野工作的后勤保障提出了具体要求。因饮食习惯和工作方式的差异，在克拉斯诺亚尔斯克购买生活和工作物资成为磨合中俄双方团队的开始。俄方对物资的要求相对“粗暴”，他们能够在单一食用面包片、黄油、罐头的冷餐环境下进行工作数周，对热能的要求仅是红茶，而中方团队更多考虑避免水土不服造成人员生病，尽量采购简易的面食、蔬菜。除此之外，还采购了供野外露宿的帐篷、睡袋、炊具以及伐木工具等在国内很少使用的物资。

准备工作办理妥当后，队员们出发前往位于哈卡斯共和国的阿巴坎河流域。沿着俄罗斯联邦公路一路向南，克拉斯诺亚尔斯克边疆区的高大针叶林在逐渐消失，取而代之的是哈卡斯共和国宽阔的草原。

克拉斯诺亚尔斯克超市采购后勤补给

行驶在联邦 P257 号公路上的丰田小轿车。这条公路起于克拉斯诺亚尔斯克，途径阿巴坎—克孜勒—查丹—坎达加耶，最终与蒙古国接壤

联邦公路旁的小餐馆

阿斯基兹小镇（Нулевой километр）广场。阿斯基兹是该地区最古老的定居点之一，位于阿巴坎西南 93 千米，处于阿巴坎至图瓦的阿克多武拉克的公路上。小镇人口才 7000 多人，以哈卡斯族和俄罗斯族为主。根据统计信息，小镇还有德意志族后裔

阿斯基兹小镇上的书摊

到了乌斯季索斯（自然文化）露天博物馆，选择空旷的草坪作为我们的营地

中俄队员合力搭建帐篷

中途，我们在一个名叫阿斯基兹的小镇停留用餐，正好遇到小镇集市开放，再次采购一些新鲜的蔬菜和水果。因采购量稍大，打破小镇日常“生态平衡”，造成一个当地大妈购买不便而投诉抱怨，中方只好带着歉意和微笑退回一部分蔬果。

在落日余晖下，我们抵达了美丽的乌斯季索斯（自然文化）露天博物馆，这也是此次田野工作阶段的第一个宿营地点。从车上卸下众多的物资后，双方要进行的第一件工作就是扎营搭建帐篷。俄方轻车

落日余晖下的营地

熟路，营地很快建立。中方相对缺少这种“特殊”的技能，动作稍慢，俄方出手相助，很快便完成了营地的搭建。饮食方面，由于习惯不同，最初双方实行分餐制，各自负责。德罗兹多夫教授生日那一晚，中方队员为他烹制了一碗重庆小面，寓意长寿，教授对麻辣风味赞不绝口。他一高兴，买了一只羔羊宴请大家。中方“厨师长”徐进看着俄方把羊肉与土豆简单炖煮在一锅里，着实觉得“暴殄天物”，于是主动承包了厨房，一道道红烧羊肉、炝炒白菜、凉拌茄子、酸苦木耳等菜肴端上饭桌，俄方竖立了大拇指。此后，我们便从分餐制改为了合餐制。

入夜的时候，寒风吹打着帐篷，睡袋下的湿润草地总给人一种凉意，在中方队员思念着一张温暖的床而辗转反侧的时候，隔壁已经传来了俄罗斯式的鼾声。

在对马特盖奇克遗址的发掘过程中，我们发现了彼此的分歧。双方在发掘方法、层位线划分、记录方式、回填处理等诸多方面存在不同，谁都说服不了谁，一时陷入僵局。由于离营地太远，大家只能围着煮着茶水的火堆坐下，一边吃着赫列巴夹牛肉罐头，一边讨论。最后双方达成一致意见：探方地点分为两个，一个俄方负责，一个中方负责，先按照俄方的方式完成记录工作，再按照中方的要求进行记录，形成两套记录。

过程中，俄方队员时不时过来观察中方探方，中方时不时轮流跑到俄方那边看上一眼，学习彼此的长处，增进了解，求同存异。乌斯季索斯营地的生活和阿巴坎河流域的考古工作是中俄两个团队真正融合的开始。事实证明，没有沟通交流解决不了的事情，马特盖切克遗址的工作卓有成效，德罗兹多夫教授兴奋地宣称我们在这里填补了该区域旧石器时代晚期历史的空白。

营地内的简易餐桌

刀刃上的功夫：马库洛夫正在准备炖羊肉的土豆

生日献礼：徐进为德罗兹罗夫教授献上长寿面

馆长塔吉亚娜为我们演示呼麦

德罗兹多夫教授与中方队员在马特盖奇克遗址交流发掘理念、记录方法

马特盖奇克遗址的午餐

离开米努辛斯克市前，与鸢尾花迷你酒店的工作人员合影

米努辛斯克市阿巴坎斯卡大街上的河岸市场（МУП г Минусинск Рынок Заречный）内的摊位

去往沙洛博利诺的路上，碰到了把自家收获拿来出售的妇女

夕阳下的沙洛博利诺营地

沙洛博利诺的晚餐——一个灶、两口锅，两种风味，共同分享

沙洛博利诺吸引着全俄的岩画研究者，一支来自新西伯利亚国立大学的岩画研究团队也来到了这里。带队的老师名叫佐科缇娜，当晚她和学生们带着水果来到我们的营区，双方队员坐在一起展开了一场友好的跨国座谈会，大家得到了展示自己成果的机会，交流了各自区域的考古学文化，实在是此次出行的意外收获。

在完成阿巴坎河流域和沙洛博利诺岩画的考古工作后，联合考古队启程回返克拉斯诺亚尔斯克国立师范大学库尔塔克基地继续开展库尔塔克地质考古区的相关工作。得益于三个星期来的同吃同住，双方队员结下了深厚的友谊，配合默契，在卡缅内洛卡遗址的发掘工作推进的极为顺利，时光就如此不知不觉悄悄飞逝。

月下漫谈，中俄联合考古队与新西伯利亚国立大学开展交流座谈

中俄考古学者在验收会上的交流

库尔塔克基地内，中俄双方队员交流田野考古发掘方法

利用休息时间抓紧整理出土标本

在库尔塔克工作结束之时，此次俄罗斯之行也接近尾声。按照中方的考古工作要求，联合考古队返回克拉斯诺亚尔斯克市举办了项目验收会，会上双方领导对此次工作取得的阶段性成果高度评价，并一致赞扬中俄双方团队合作的精神。

只言片语很难说尽路程中遇到的艰难和快乐，也很难比较到底是苦多还是乐多。可以肯定的是，这段经历将成为联合考古队每个队员人生中珍贵的财富。

考古随笔

一、俄罗斯文化遗产保护考察记

作为一个横跨欧亚幅员辽阔的国家，俄罗斯除了有着丰富的自然资源、纯美的山水风光，还有着多样的文化遗产和历史古迹。根据俄罗斯联邦文化部公布的数据，俄罗斯全国受保护的文化遗产总计达 144 425 处[1]。这些文化遗产和历史古迹在俄罗斯的国家战略、文化建设、民族团结和爱国主义教育中具有重要的地位。普京曾强调："文化资源的重要性不亚于石油和天然气，保护文化遗产是俄罗斯人的共同责任与使命。"[2]《俄罗斯联邦宪法》第 44 章规定："每个公民都有保护历史文化遗产的义务，珍惜历史文化古迹是实现每个公民拥有文化财富权利的重要途径。"《俄罗斯联邦文化遗产法》也明确规定，国家对文化遗产（历史和文化古迹）的保护是俄罗斯联邦国家当局、俄罗斯联邦主体和地方政府的优先事项之一。

1. 机构设置

近几年，随着社会经济的发展和文化遗产保护的需要，俄罗斯联邦及地方政府意识到需要建立保护文化遗产的专门行政机关来管理联邦各地数量庞大的文化遗产对象。2012 年 7 月，俄罗斯联邦文化部批准成立了文化遗产监督、管理和审批局。2015 年 4 月，文化遗产监督、管理和审批局更名为文化遗产保护局（Департамент государственной охраны культурного наследия），取消了原俄罗斯世界遗产委员会。

在克拉斯诺亚尔斯克边疆区，政府于 2015 年 1 月将文化遗产管理职能从文化部独立出来成立了克拉斯诺亚尔斯克边疆区文化遗产保护局（Служба по государственной охране объектов культурного наследия Красноярского края）。同年 8 月，成立了文化遗产保护局下属法人机构——克拉斯诺亚尔斯克边疆区文化遗产保护中心（Центр по сохранению культурного наследия Красноярского края），具体执行境内的文化遗产保护工作。在哈卡斯共和国，当局于 2016 年 12 月在哈卡斯文化部重组的基础上成立了哈卡斯共和国国家文化遗产保护局（Государственная инспекция по охране объектов культурного наследия

1 https://opendata.mkrf.ru/opendata/7705851331-egrkn/#{"tab":"build_table","version":"5a3458f4056927f520716f1b"}。统计截止时间为 2019 年 11 月 28 日。

2 杨政：《俄大力保护文化遗产》，《光明日报》2013 年 11 月 4 日 8 版。

Республики Хакасия），以履行政府的文化遗产管理职能。通过对政府行政管理和执行机构的兼并、重组、撤销和新建工作，俄罗斯文化遗产保护的管理机构日趋完善，逐步建立起了层级化和权责分明的政府管理架构，分工落实文化遗产保护工作。

与此同时，俄罗斯政府还注重采取各种措施推动文化遗产保护管理的信息化和公开化：一是建立了“俄罗斯联邦国家服务网”，政府各类业务专网都与俄罗斯联邦国家服务网完成了整合，并实现了统一数据共享，文化遗产保护涉及的国家服务（电子服务、非电子服务）均可以通过该网实现查询或办理。二是建立俄罗斯文化部开放数据门户网站，以系统化数据的形式将“国家文化遗产目录”“实施文化遗产保护的许可证登记”“失踪、丢失、被盗的文化财产登记册”“关于进行考古工作许可问题的资料”“关于国家认证的历史文化鉴定专家信息库”“俄罗斯联邦文化部的下属组织”等数据信息向社会开放，鼓励和引导社会化开发利用。三是推动各文化遗产管理和执行机构、博物馆及科研院所通过官方网站、社交网络发布相关信息，并实现与公众的互动。

2. 立法

建立完善的法制体系是做好文化遗产保护工作的首要前提。苏联解体以前，涉及文化遗产保护的主要法律法规据统计有16部之多[3]。解体以后，因为整个国家处于混乱无序状态，盗窃文物、破坏文化遗产的犯罪行为一度极为猖獗。面对严峻的形势，新生的俄罗斯联邦从1992年开始，逐渐加强了文化遗产领域的立法工作。2002年6月颁布实施的《俄罗斯联邦文化遗产法》中，俄罗斯政府第一次在国家文件标题中使用了“文化遗产”一词，标志着俄罗斯文化遗产保护进一步与世界文化遗产保护运动接轨[4]。

除了《俄罗斯联邦宪法》《俄罗斯联邦行政违法法典》等综合性法律法规，俄罗斯现有的涉及文化遗产的专业性法律法规主要有《俄罗斯联邦文化遗产法》《俄罗斯联邦文化基本法》《珍贵文化遗产保护规定》《俄罗斯联邦文化遗产（历史和文化古迹）保护区条例》等。除此之外，俄罗斯联邦还批准了一些国际公约，主要有《关于发生武装冲突时保护文化财产的公约》（1954年《海牙公约》）、《关于发生武装冲突时保护文化财产公约的实施条例》和《议定书》（也称为第一议

3 程殿梅：《俄罗斯文化遗产保护的理论与实践》，《民俗研究》2015年第1期，引自詹可生、王仲谷等译：《苏联城市规划设计手册》，中国建筑工业出版社，1984年。

4 程殿梅：《俄罗斯文化遗产保护的理论与实践》，《民俗研究》2015年第1期。

定书）、《保护世界文化和自然遗产公约》（1972 年）、《保护欧洲建筑遗产公约》（1985 年）等。这些公约的精神也已经成为俄罗斯保护历史和文化遗产立法的组成部分。

在联邦主体层面，克拉斯诺亚尔斯克边疆区于 2009 年 5 月颁布实施了《克拉斯诺亚尔斯克边疆区文化遗产保护法》，哈卡斯共和国则于 2011 年 11 月颁布了《哈卡斯共和国文化遗产保护法》（直译：《关于位于哈卡斯共和国境内的俄罗斯联邦人民的文化遗产》）等地区性法规。

俄罗斯除了加强新法的立法工作外，还及时对已有法律法规进行修正。2012 年 11 月的《俄罗斯联邦文化遗产法（修正案）》将更多的文化遗产纳入了法律保护范围。2013 年 4 月通过的《俄罗斯联邦行政违法法典（修正案）》则大幅提高了毁坏历史文化古迹的罚金数额[5]。

3. 宣传教育

为了增进非专业人员和普通民众对本国文化和历史的了解、提高保护意识，推动公众参与文化遗产保护，以联邦、各联邦主体文化部和博物馆为主的机构举办了各类形式丰富多样的活动来宣传和推广文化遗产。这些活动的对象既有政府和专业人士，也有普通民众和少数族群；活动的平台和载体既有时间固定的“世界博物馆日”“文化和历史遗产日”等与文化遗产相关的纪念日，也有灵活性更强的讲座、展览、游戏节目或文化遗产旅游等。

2017 年 4 月，克拉斯诺亚尔斯克边疆区文化遗产保护局与文化遗产保护中心一起策划并举办了一场名为“克拉斯诺亚尔斯克地区的历史和文化遗产”的区域会议。会上邀请到了地区立法和行政当局的代表、文化遗产保护领域的专家、西伯利亚联邦大学和国立师范大学的学生等。会议讨论了文化遗产保护的立法规范、境内岩画保护，以及如何推动公众参与文化遗产保护等问题。通过这样的活动，在行政立法与专业机构之间搭建起了有效交流的平台，提高了政府文化遗产保护管理工作的能力。

把文化遗产和旅游、教育结合起来，通过融合发展实现文化遗产保护和市民休闲旅游，尤其是少数族裔文化传统传承需求的双赢，是俄罗斯西伯利亚地区文化遗产保护事业发展的一个重要特点。以乌斯季索斯（自然文化）露天博物馆为例，作为一家基层博物馆，为了获取经费来维持博物馆的日常运营和对馆内设施、

5 杨政：《俄大力保护文化遗产》，《光明日报》2013 年 11 月 4 日 8 版。

藏品的维护，当地政府将博物馆场地开发成旅游景点和远足旅客的露营地，同时通过举办哈卡斯族婚礼、太阳节等传统民俗活动将文化遗产保护、利用和传承民族传统文化有机结合起来。

习近平主席指出："文明因交流而多彩，文明因互鉴而丰富。文明交流互鉴，是推动人类文明进步和世界和平发展的重要动力。"文化遗产承载灿烂历史和文明积淀，是其所在地国家和民族的精神象征，也是人类文明交流互鉴的重要载体。通过对外合作考古，我们可以实地深入了解所在国家的社会、经济、文化和环境等现状，相互借鉴各自在文化遗产保护、利用和传承上的先进制度和优秀经验，有利于推动文化遗产保护领域的国际交流与合作。（汪伟）

二、从克拉斯诺亚尔斯克到阿巴坎——跨越千里的异域文化探险

2017 年从酷热的火炉重庆出发，我和同事一行踏上中俄西伯利亚联合考古之旅。想着要暂时逃离这个蒸笼般的城市去一个夏天还要穿大衣的地方，心中难免有一丝窃喜。

北京乘机直飞克拉斯诺亚尔斯克（后文简称为克市），下了飞机以后，从机场到酒店的路上，大家饶有兴致地欣赏窗外的风景，完全忘记了困顿。到了酒店以后，简单整顿一下便迫不及待地走出酒店去了解这座城市。

从叶尼塞之火酒店出来面前便是叶尼塞河，深蓝色的河水，平缓的向北流去，滋润了整个城市和她的人民。横跨在叶尼塞河上的克拉斯诺亚尔斯克中心大桥是这座城市的精神标识之一，面值 10 卢布纸币的正面就是这座大桥，以至于很多到访的游客都要拿着 10 卢布和这座大桥合影。而矗立在小山顶的帕拉斯克娃教堂，曾经作为地标性建筑也出现在 10 卢布的纸币上，翻过卢布的另一面就是克拉斯诺亚尔斯克水电站大坝。走在大街上，经常看见 20 世纪 90 年代的紧凑型小轿车，街道两旁古老建筑墙壁上的涂鸦透露出现代时尚感。

在克市的物资采购完备以后，我们驱车一路南行，晚上在库尔塔克基地歇脚，体验了一番俄罗斯独特的小木屋和桑拿。俄式桑拿是俄罗斯人日常生活必不可少的一部分，也是他们待客的首选节目。俄式桑拿通常在木质房屋内进行，烧桑拿房的大婶早早地开始烧火，我们一进到桑拿房里，弗拉基米尔（马克洛夫研究员）便开始往烧热的鹅卵石上浇水，蒸气顿时被释放出来。初次桑拿，在里面待个几秒钟便有种窒息的感觉。热情的弗拉基米尔用事先准备好的植物枝叶，轮番从头到脚，反复抽打兄弟几个的身体，这是对待远道而来的贵宾"最高的礼遇"。这

样一来二去的“坦诚相待”以后，大家更加熟络了。晚饭前，到基地附近的草地走走，西伯利亚的蚊子似乎是饥渴难耐，让我两手忙得不亦乐乎，不一会儿就失去了散步的兴趣。每当我左右手开工拍打蚊子的时候，摄影师维克多便双眼直勾勾地盯着我看，他是一个虔诚的基督教信徒，用肢体语言告诉我，轻轻地将蚊子赶走即可，不用“啪啪啪”的害命。

第二天继续南行，一路变换的自然景观让我们感叹西伯利亚的战略深度。下午到达哈卡斯共和国阿巴坎乌斯季索斯（自然文化）露天博物馆。这个博物馆的院落是由灌木枝条编织围合而成，由于地广人稀、位置偏远，这个博物馆平时基本没什么游客问津。大门两侧的木质门柱上雕刻着可能是萨满的图腾图案，庭院内彩色的飘带、圆形的木质蒙古包以及竖立的石刻为整个露天博物馆增加了几分神秘。晚上，簇拥在篝火旁，博物馆的塔吉亚娜馆长为大家讲述这个村庄的历史以及哈卡斯族的故事，并饶有兴致地和杰尼斯为大家奉上萨满的祭火仪式。不远万里来追踪古人的足迹，在这样一个地方能够感受这种原始的宗教信仰，也算是一种契合。在这样一种微醺的状态下，大家各回帐篷，期待明日开工大吉。

次日一大早，我被此起彼伏的牛羊叫声吵醒，推开门，草原上牛羊粪混杂着青草的气味扑面而来，也分不清是清香还是浑臭，反正是纯正的大自然的气息。早饭过后，我们终于踏上了开工的路途，一路颠簸终于到达两河交汇处的试掘点，但是试掘结果并不理想。

在索斯河口的失败试掘，让我们将视野转向阿巴坎河右岸的马特盖奇克村附近。在此，我们一行人分成两队，经过大半天的调查，采集了一些石制品，终于确定在此处进行试掘，试掘的结果也验证了我们的判断。风餐露宿的简易生活、语言沟通的障碍以及工作方法的不同，让中俄考古队员之间也产生了分歧，好在权博士全力协调，让双方在发掘方式上形成了统一共识。

终日的劳作可能让弗拉基米尔感觉到有些疲劳，以至于我们到达沙洛博利诺岩画点考察结束后找了半天才在河边找到他。彼时，他正在河边的草丛里睡得正酣，连日的困顿让他忘记了晚饭，看着让人心疼。晚上大家一起做了一锅土豆炖羊肉，长桌摆成一排，双方队员两侧就座，各自端起手中的酒杯，伴随着“雄起，雄起”，“乌拉，乌拉”的祝酒词，一锅羊肉下肚。

在马特盖奇克遗址发掘期间是最惬意的时光。虽然生活条件并不好，中午只能就着中国带去的咸菜和冰冷的肉食类罐头吃粗涩又干燥的面包，然后喝杯红茶，稍歇片刻，但是遗址周边景色宜人，有时碧空如洗，有时云蒸霞蔚。阿巴坎河波澜不惊，静静地流淌着，河岸上是成片的大草地，塔加尔先民静静地躺在大自然的墓园里。

短暂的哈卡斯发掘结束了，我们收拾行李又踏上了前往库尔塔克基地的路程。返程的路和来时的路一样又不一样，这并非在乎山水之间，而在乎放飞大自然的心情。途中参观了静谧的列宁流放地博物馆，品味了这个历史的乡村和乡村的历史。也留恋于规模宏大的萨尔贝克王冢，感受繁盛一时的欧亚大陆草原文化。

经历了一天连续不断的赶路，晚上十点，终于到达了库尔塔克基地。在这里最喜欢吃的就是哈萨克斯坦小伙做的俄罗斯红菜汤，汤上漂着洋茴香，味道辛香甘甜中带点酸。还有类似陕北的土豆炖羊肉，那是我到重庆参加工作以后，再也没有吃过的家乡味道，加上一个粗涩的老面包，稠的稀的一顿忙乱扒拉下去，再喝杯酸杏儿汁，这是最能果腹的食物。

工地距离驻地基地不是很远，开车颠簸十五分钟就能到。库区风大浪急，惊涛拍岸，卷走万年土。随着河岸线的年年后退，一批文化遗物被河水冲刷到地表，经过库区河水的来回涤荡，有的形制可辨，有的已经磨蚀不清。库尔塔克地质考古区是天然的历史博物馆，这里埋藏着从史前到历史时期的多个时段的文化遗物，数十米高的地质剖面记录了远古时代到历史时期乃至近现代西伯利亚人生息繁衍的历史。这是一部厚重的历史书，需要一代又一代人接续不断地努力才能揭开历史的疑云。

发掘的时间很短暂，并且叶尼塞河上的风对我们并不友善，当你用手铲轻轻刮开黄土沉淀的历史，无情的狂风瞬间将这些历史吹到四面八方，好像在和你诉说一段惊心动魄、血雨腥风的历史。最失误的是没有买一副护目镜，每当风起云涌，尘土飞扬时，整个人的眼睛眯成一条缝隙，尽管我的眼睛狭小，也不能幸免于难。一天下来，灰头土脸，搓澡的时候能搓一层泥卷。好的一点是，经过上次的“坦诚相待”以后，大家都依次有序地洗澡，也不用树叶子抽打身体了。

时间总是过得很快，来不及好好享受这段艰辛的文化探险又要分手说再见了。验收会议在轻松又略带感伤的气氛中落下了帷幕，朝夕相处的这段时间里，我们建立了深厚的友谊，也积累了一些合作考古的经验。由于传统习惯、思维方式、语言障碍、工作方法等方面的差异，我们仍要学会理解、克服和包容。这是重庆考古首出国门的第一步，这一步也是我们未来中外合作考古行稳致远的重要一步，相信未来的我们会越来越好，越走越远。（高磊）

三、西伯利亚考古轶事

2017年8月15日，经历了精心准备与漫长等待后，我院中俄西伯利亚联合考古队启程前往遥远的西伯利亚。首次踏上陌生的国度开展考古工作，大家都怀揣着几分忐忑。

经过了在重庆机场不明原因飞机晚点、北京机场准时出关、长达 4 个小时的飞行后，伴随着克拉斯诺亚尔斯克的阳光，我们顺利抵达克拉斯诺亚尔斯克，曾经预设了各种困难的通关却出奇的顺利，我们见到了权乾坤博士及俄方团队代表弗拉基米尔·马库洛夫研究员，旅途的困倦一扫而光。汽车在宽阔的马路上疾驰，和煦的阳光照在脸上、清爽的晨风从耳旁刮过，不时闪现的村庄映入眼帘，我难掩心中的激动，尽情地感受着这来自西伯利亚的问候。日后二十多天的西伯利亚考古会发生些什么呢？有期待，也有着些许茫然。

9 月 11 日中午，飞机平稳地降落重庆江北国际机场，圆满完成本次中俄联合考古工作，我的心情是非常复杂的，二十多天在俄罗斯西伯利亚的点点滴滴不断地浮现在我的眼前，有收获，也有遗憾，有喜悦，也有感伤，思绪很乱。经过一年多的时间洗礼后，大多数记忆都已经模糊，但不少经历仍不时浮现在脑海。

刚到乌斯季索斯营地的第二天，一只蜜蜂（也可能是其他品种的蜂，当时没有看清）关注来自远方的我，停留在我的中指上（难道这就是所谓的“招蜂引蝶”？）。在我想要甩手时，义无反顾的蜇了我一下。从小在农村长大，自认还算皮实的我，一笑了之。可不知怎么回事儿，手指先是红肿，慢慢肿得就非常严重了，我开始有点儿担心了，担心我这小身板适应不了这西伯利亚的蜂毒。我的同事们也是唯恐天下不乱的吓我，于是领队安排人将我送到当地医院做检查（具体相当于哪一级的医院，看规模比我们村卫生室稍大，乡镇卫生院稍小）。一位俄罗斯美女医生给我检查后，笑了笑，我也听不懂她说了些什么，给我消毒，简单包扎后，就说可以了，还把她带过的一双手套送给了我（可能觉得我还有些用吧）。当我做好准备去缴费用的时候，却听权博士说可以走了，不用缴费，虽然我也知道这里全民免费医疗，但没有想到对我这样的外国人也是免费的。

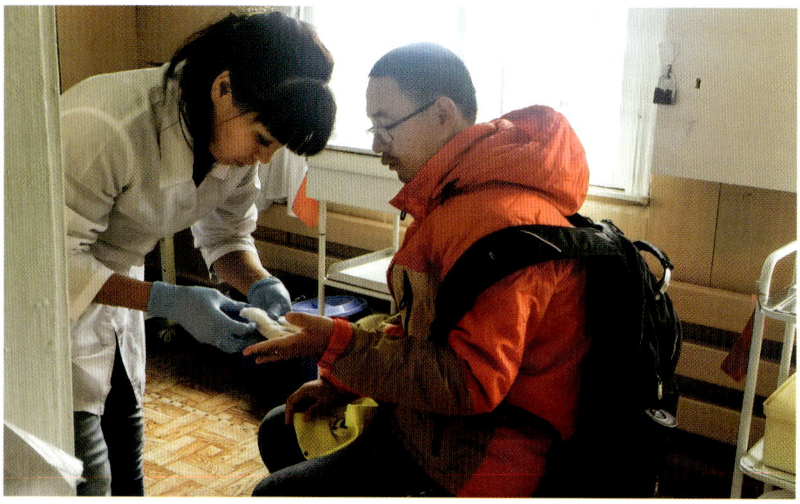

在哈卡斯共和国的一家诊所里，医生在为我处理被蜜蜂蜇伤的手指

上学时曾经听过冯恩学老师讲过吉林大学考古系在俄罗斯西伯利亚的考古，知道当地的考古是没有民工做辅助性运土工作的，主要是一些大、中学生作为志愿者辅助发掘。我们这次的考古发掘工作会是什么样子的呢？事实证明，我们连大、中学生志愿者辅助发掘都没有了。考古发掘中，布方、清理、运土、资料记录、回填等等工作都由团队工作人员亲自完成。每项工作，刚过七十岁生日的德罗兹多夫教授都带头参与。除了佩服其工作敬业外，其出色的身体素质也实在是令我们羡慕。看到老爷子都干得如此起劲，我们也积极投身到飞舞的铁锹扬土劳动中。

用简单的土灶做好晚餐后，一起抬着走向餐桌

沙洛博利诺岩画点是中俄联合考古项目库尔塔克基地考古发掘外的最后一站。有了前期在乌斯季索斯搭设帐篷的基础，我们很快就完成了安营扎寨工作。多数队员被安排熟悉周边环境，由于我在乌斯季索斯营地有过为大厨徐先生帮厨的经历（曾被喻为二厨），被选中为大家准备“最后的晚餐”（明日岩画考察结束后，将返回库尔塔克基地，那里有专业厨师）。看着大家期待的眼神、一大块羊肉以及前期准备剩下的大量食材，顿感压力山大，一定不负二厨的盛名（大厨徐先生有事提前回国，这才有了独当一面的机会）。经过紧张的切肉、准备辅料、炒肉、慢火炖肉，一大锅羊肉炖土豆顺利完成，这是我首次独自为中俄联合考古团队准备晚餐，虽然二厨的“范儿”不能丢，尽最大可能标准操作，一招一式也

颇有些厨师的架势，但由于对自己的厨艺没底，内心还是非常紧张的。个人二厨虚名不重要，关键是浪费了食材就可惜了。终于出锅了，香气四溢，看着大个子司机脸上洋溢的笑容，我悬着的那颗心终于落地了。大家吃得非常开心，也很满足，看样子当年伺候怀孕的老婆所打下厨艺的底子还在，虽然与大厨徐先生相比还有差距，但我自己还是很满意的，日后还要多加锤炼，多掌握点儿本领，关键时候用得上。（代玉彪）

四、中俄西伯利亚联合考古见闻记

1. 叶尼塞之光——克拉斯诺亚尔斯克篇

克拉斯诺亚尔斯克，俄文原意“红色的山崖”，这个发音稍显拗口的词汇，正如这座坐落在叶尼塞河河畔的城市一样寓意美好。我们迎着朝阳缓缓驶入市区，映入眼帘的是郊区坐落有序的俄式小木屋、开满鲜花的宽阔草甸和干净安宁的街区，享受着异国情调带来的轻松与欢愉。大家在下榻酒店叶尼塞之光安顿好之后，获得了短暂休整的机会。我和权乾坤博士要去采购一些未来几天田野工作的物资，因此走进了克拉斯诺亚尔斯克城市的中心。

叶尼塞河宽阔而平稳，由南至北静静地穿过城市，最终坠入遥远的北冰洋。城市的规划以叶尼塞河为界，河面上巍峨壮观的共产主义大桥和具有上百年历史的西伯利亚大铁路桥把城市的新旧两端连接起来，曾经工业化的痕迹早已随着苏联时代的逝去而不见踪迹，叶尼塞河焕发出的浓浓生活气息给城市带来了新生。俄罗斯人热爱叶尼塞河，他们这样唱着：

> “从伏尔加河到叶尼塞河，森林、山坡还有那草原，
> 俄罗斯，你啊我的俄罗斯，从伏尔加河到叶尼塞河。
> 夜色中有手风琴在歌唱，歌声沿着道路荡漾，
> 含笑望着心上人儿，姑娘们结伴着徜徉。
> 多么美丽的夜晚，多想倚靠在你身旁，
> 俄罗斯梦幻般的歌儿，如同河水流淌。”

沿着叶尼塞河往南走，很快就会见到一座带有苏联建筑风格的剧院，剧院广场上矗立着文艺之神阿波罗雕像，昭示着这个民族对于文艺的尊重。在剧院广场东边，另一个人物塑像用他深情的双眼眺望着叶尼塞河，这是俄罗斯伟大的文学

家契诃夫。契诃夫在《萨哈林旅行记》里这样写道他心爱的叶尼塞河："如果说伏尔加河是一位盛装的淳朴而忧郁的美女，那么叶尼塞河则是一个强壮而彪悍的小伙子，不知把自己的青春和力量用在何处。在伏尔加河上，人开始很勇敢，而最后却唱起呻吟的歌来。他们那光辉灿烂的金色希望，换成软弱无力的俄国式的悲观主义。而在叶尼塞河，生活开始是呻吟，最后却是我们在梦中也没见到过的勇敢，起码我站在宽阔的叶尼塞河的岸上是这么想的。"

如今，我站在这里，一种莫名的共鸣把我和伟大的文学家拉得很近。俄罗斯人把契诃夫人格化的叶尼塞河形象保留了下来，在他身后的喷泉正中，是拟人化的叶尼塞河之神，他充满阳刚，肌肉健硕，有力的手臂托起帆船，指向远方，眼神坚毅勇敢无比。在他周围，是姿态优雅又不失妩媚的俄罗斯八个女性塑像，她们的底部刻有一个俄文单词，代表着叶尼塞河的八条支流。叶尼塞河是俄罗斯人取之不尽的灵感源泉，是他们用之不竭的伏特加。俄罗斯人的浪漫情怀如同矗立于此的女神一样，得到了永恒。

克拉斯诺亚尔斯克市区的建筑规划极具苏联风格，城市规划清楚，公共设施齐全，但是稍显冷清。上午时段明显不是当地人活动的黄金时间，没有匆匆忙忙的行人，没有车水马龙，这座西伯利亚大城市如同凉风掠过额头，竟然让我有了一丝丝萧瑟悲秋之感。在城市里走着，路过了风格迥异的苏式小楼、挂着华丽十字架的东正教教堂、俄罗斯著名画家苏里科夫的故居、壮观的克拉斯诺亚尔斯克边疆区政府大楼，以及正在维修的克拉斯诺亚尔斯克船站等，不得不对俄罗斯人的骄傲服气，不管是餐厅、酒吧、超市、银行、路标，还是学校，你根本看不到一个英文单词。在克拉斯诺亚尔斯克，我第一次有了文盲的感觉。

这座城市让我印象深刻的还有各种各样的塑像。米拉大街上就有俄罗斯伟大诗人普希金和他美丽妻子娜塔莉亚・冈察洛娃的塑像，普希金仿佛正对着他的妻子铿锵有力地读着他的诗作《致西伯利亚的囚徒》，鼓舞着熊熊燃烧的自由之火。不远处，战争中的小女孩站在妈妈身边，挺直着腰板，认真地看着远方，她悲伤的眼神里透露出无限的期望，她在等待什么呢？期待着战争中杳无音信的父亲平安归来，还是硝烟散去之后，那片湛蓝宁静的天空？市政广场上，伟大的无产阶级导师列宁同志，他还在关注着克拉斯诺亚尔斯克的变化，我脱帽敬礼，表达一个中国共产党党员的无限敬意。与此同时，在城市的另一头，另一个人的塑像也在默默注视着沧海桑田，他头戴沙俄时期的船形帽，身穿风衣，左手持佩剑，面色忧郁，据说他是沙俄时期驻美国的第一任公使，却无药可救地爱上了一位美国女孩。为了和这个女孩结婚，他必须返回俄罗斯请求沙皇批准，结果途经克拉斯诺亚尔斯克时不幸病逝，女孩也为坚贞的爱情清守一生，克拉斯诺亚尔斯克人民为此感动，立像于此纪念。我最后告诉了不幸的彼得诺夫·叶扎诺夫·尼古拉彼得诺维奇，她一直爱你到最后，你好好安息。彼得诺夫的塑像正对着克拉斯诺亚尔斯克建城时的第一条街道，街头的门楼上刻着 1628 的日期，代表着这个城市的起点。

此后，我们开始穿越西伯利亚的森林，前往位于三个小时车程之外的中转站——传说中的考古学家之村库尔塔克。西伯利亚已然入秋，秋意正好，正所谓莫道秋来山容淡，山到深秋红更多。长风与叶，伴我辈前行。刚刚抵达这个宁静的村庄的时候，已是傍晚时分。天空突降大雨，气温骤降。不过景物澄廓，一条之枯，不损繁林之蓊蔼。草甸在这里随处可见，那些讲不出名字的各种颜色的小花随着雨水冒出了骄傲的头，与村庄里零星散落的小木屋构成了一幅油画。一点点炊烟，把我的眼光引向了地平线的尽头，克拉斯诺亚尔斯克水库如同温柔的轻纱静静飘在远处。明明是第一次来到这里，却充满着似曾相识，难以言表的熟悉感觉。

与德罗兹多夫教授在尤金（图书）博物馆前的合影

2. 西伯利亚的秋天——哈卡斯篇

离开库尔塔克营地，我们踏上了前往哈卡斯共和国的旅途。横贯西伯利亚的公路好像永远看不到尽头。窗外的风景变幻无穷，随时给我们带来视觉上的惊喜，六个小时的车程飞瞬即逝，放飞的思绪如同西伯利亚的微风略过额头一般，我们并没有感到长途旅行的一丝疲惫。

刚从克拉斯诺亚尔斯克的林区里出来，景色已然瞬息不同，映入眼帘的是公路两旁宽阔深远的草海，我不觉地念起了同为游牧民族鲜卑族留下的“天苍苍，野茫茫，风吹草低见牛羊”的著名诗句，想象着这里是否也曾经有一支像射雕将军斛律金带领的大军走过。

远方，成群的牛羊穿梭于一片又一片古老的塔加尔文化墓地之中。那些还残存于草原上的大石墓板早已和西伯利亚草海上盛开的鲜花融于一体，一春一秋地经历无数的岁月之后，反而此时此刻在我们的眼中重新焕发了生命力。大地无言，文物无声，它们使我们陷入了沉思，当年生活在这里的人群到底创造了怎样的文明呢？在这片神奇的土地下到底还埋藏着多少的秘密等待着我们去发现呢？

偶尔，我们会在路过的小村庄停留片刻。也许因为西伯利亚的寒冬太过于漫长，白色占据着俄罗斯人的大部分日常。于是他们在难得的秋季，怀着感恩的心情把村庄里每一座木屋都漆上了五颜六色，每户人家门口的花圃里必然精心种植着芳香的花朵，使人暂时忘记寒冬的严酷。我特别喜欢在那蓝色的窗台外满满放上的黄色雏菊，俄罗斯人对于生活的热爱在那一刻绽放。白雪不应该是西伯利亚的色调，这里盛开着彩色的梦。

越过森林，即将进入哈卡斯草原地带

俄罗斯有 85 个联邦主体，包括 22 个自治共和国、9 个边疆区、46 个州、1 个自治州、4 个自治区和 3 个联邦直辖市——莫斯科、圣彼得堡、塞瓦斯托波尔。要在如此短暂的时间里，体验疆域如此辽阔的国度是件多么困难的事情。俄罗斯自然景观的多变就如同其文化的多样性一样，你看到的越多，反而会刺激着强烈的好奇心和求知欲。

哈卡斯共和国因哈卡斯族而得名，面积约为 6.2 万平方千米，人口约为 60 万。其首都为阿巴坎，交通发达，地处西伯利亚大铁路的必经之地。其境内主要河流为叶尼塞河及其支流阿巴坎河，自然条件适合农业和畜牧业的发展。

哈卡斯族是俄罗斯联邦的一个少数民族，人口约为 10 万，有自己的母语——哈卡斯语，属于阿尔泰语系突厥语。哈卡斯族由古代柯尔克孜人发展形成，柯尔克孜人在我国唐朝时被汉译为“黠戛斯”，其久远的历史可上溯至西汉，影响远播中亚，它在中国的历史长河中先后以“坚昆”“结骨”“黠戛斯”“乞儿吉斯”“吉利吉斯”的汉译名出现。公元前 99 年，汉军猛将李陵率五千步兵从居延海以北深入匈奴腹地，在浚稽山遭遇匈奴单于率领的八万骑兵主力。汉军斩杀匈奴骑兵五万人后，终因寡不敌众，李陵兵败被俘。公元 648 年，一支来自大唐北方数千里的剑水流域（叶尼塞河流域）的黠戛斯朝贡团抵达京师长安，这支具有明显黄种人特征的使团坚称为李陵后裔，受到大唐热情款待。黠戛斯与大唐保持着良好关系，多次参与大唐打击突厥的军事行动。在安史之乱后，黠戛斯趁突厥之后的漠北霸主回纥出兵助唐时，攻打回纥后方，却惨遭失败，由此不能通中国。不过，黠戛斯人在公元 840 年击溃回鹘汗国，迅速崛起，重新与大唐建立联系。公元 847 年，唐宣宗册封黠戛斯可汗为“英武诚明可汗”。此后，黠戛斯人在 10 ～ 13 世纪先后臣服于契丹和蒙古统治，长期的战乱使得黠戛斯人在故土的生活难以为继，他们开始离开叶尼塞河流域向中亚迁徙。16 世纪末，大部分黠戛斯人都离开了这片土地。1703 年，叶尼塞河地区并入沙俄。起初，俄罗斯人把居住在这一带地区的当地人统称为“叶尼塞鞑靼人”，而他们自己也没有一个公认的民族名称，多使用各自部落名称。“哈卡斯”这一民族称谓还是十月革命后，苏联政府在进行民族识别和划界时根据我国史书“黠戛斯”音译而来。

因为历史上千丝万缕的联系，车窗外本来陌生的景象竟然让我产生了一种不可名状的亲切感。当我眺望到远方地平线的时候，我们已经快要到达乌斯季索斯营地了。这时候，天空中忽然乌云密布，西伯利亚的大雨就这样说来就来，不期而遇。风中坠落的雨点，哗啦啦敲打着我们的心房，如同漫天飘零的诗句。

我默念着俄罗斯诗人迈科夫的《雨中》，充满着无限美好的遐想，来到了哈卡斯的腹地：

你可记得，那天我俩不曾料想会有雷雨，
家门已远，突然间倾盆大雨来袭，
我俩匆忙躲雨，云杉树华盖如荫，
我俩慌张不已，而又无限欣喜！
阳光下雨点璀璨晶莹，树身上苔藓翠绿欲滴，
我俩仿佛被罩在神奇的网中，只见它金光闪闪，
四周地面上，仿佛有粒粒珍珠在欢跳，
云杉的针叶上，一颗颗雨滴在滑落，
有的落到你头上，金光闪烁，
有的从你的肩上，径直滑入你的胸衣。
你可记得，我俩的嬉笑声越来越轻。
突然一声惊雷滚过我俩头顶，不偏不倚——
你惊恐万分，双眸紧闭依偎在我怀里。
啊！多么美妙的雷雨！简直是天赐神雨！

乌斯季索斯，这座宁静的小村庄，位于面积约40平方千米的索斯草原腹地，阿巴坎河和索斯河在这里交汇。我们到达的时候，已近黄昏，雨水刚收，这里水肥草美，哪里有传说中西伯利亚苦寒和荒凉的影子？我脱帽而立，面对地平线尽头的萨彦岭，感受着人类在这苍穹下的渺小。索斯河蜿蜒地穿过三角洲那些奇幻的树林，又弯弯曲曲地消失在草原深处。忽然，风吹草低，取而代之的是一座座悄然无声的塔加尔文化墓葬石板，它们仿佛如棋子一般任人摆放在巨大的棋盘里，终日与路过身旁的牛羊为伴。在落日的余晖下，那一份静谧给草原、山脊、河水、树林勾勒出的风景画添上最后一抹无言的色彩。

乌斯季索斯（自然文化）露天博物馆是我们的宿营地。露天博物馆，顾名思义，那是和草原一样自由和狂野的结合。初秋的小花开满了这里的草甸，绿色包围着两座带有蒙古包风格的小木屋。当然，那些奥库涅夫文化石碑是那么高冷，它们朝着落日，骄傲地耸着肩膀，守护着这片土地久远的秘密。

我们趁着天还没有黑，做起了到这里的第一件工作——扎营。在国内，大家争前恐后地购买昂贵的户外装备，兴冲冲地奔向所谓自然露营地，付着价格不菲的门票，为了就是体验一下野外扎营生活的乐趣。然而这件事，对西伯利亚的田野考古来说显而易见并不是什么乐趣和享受，而是田野工作的一项基本的后勤保障。中俄双方的考古环境在这里的第一件事上就显示出了很大的不同，在重庆，我们也会面临各种各样的田野工作环境，比如说城市或者农村的拆迁区、偏远的

山地、无人问津的洞穴、广袤深邃的林区等，但是毕竟我国人口密度大，条件再怎样艰苦，我们的补给都可以得到及时的补充，我们在野外的住宿也能够得到保障。除了一些临时性的小旅馆或者招待所外，我们平常住得最多的是老乡家里，他们善良热情，始终能够给我们带来很多帮助。然而在遥远的西伯利亚，野外考古的体验截然不同。这里地广人稀，补给困难，后勤是考古队需要关心的大问题。所有的物资都得事前计划好，随行携带。住宿也是野外扎营，对于人员个体野外生存技能和适应能力要求极高，考古的流动性体现得淋漓尽致。这对我们中国考古队员来说不仅是全新体验，也是一种对体能和智慧的挑战。

在某些程度上，我们其实还挺同情这帮彪悍的战斗民族同行。因为西伯利亚的好季节实在太短暂，寒冬过于漫长，一年留给他们的野外工作时间实际上少得可怜。可以想象，他们得多珍惜这一年中最美好的野外工作时光。

月牙儿露出了头，西伯利亚的星空是前所未见的璀璨夺目。乌斯季索斯（自然文化）露天博物馆塔吉亚娜馆长在代表奥库涅夫文化的人面像石碑旁点燃了篝火，邀请我们一起体验当地的萨满祭祀仪式。塔吉亚娜女士是一位土生土长的哈卡斯族人，她庄重地穿着民族服饰，为我们演奏一段当地民乐口弦琴。琴声虽单调，却在此情此景下随着夜风拨动我们的心弦。你要问我听懂了什么的话，我会说，琴里有个声音在诉说听到了哈卡斯人民对于故乡的眷念和生活的无限憧憬。

萨满，哈卡斯族古老的通神仪式。当赞歌唱起，舞蹈舞起，火星四射的时候，哈卡斯人的萨满们在表达什么呢？我们围在一旁，默默无言，静穆而又充满尊敬。

按照既定工作方案，我们先在索斯草原阿巴坎河与索斯河交汇的三角洲进行旧石器时代文化遗迹的调查踏勘。鉴于俄方去年就对这一区域进行初步踏勘，并在地表采集到不少旧石器时代的遗物，我们决定将联合考古队分为两组。一组由德罗兹多夫教授带领俄方人员对他们去年重点勘察的区域进行探沟发掘，看看遗物埋藏情况，另一组由马库洛夫陪着我们中方团队对去年工作范围外的区域进行踏勘。

我们采集到了一些石制品，主要有石核、石片、锥形器等，而在俄方探沟那边，似乎进展也不理想，第一天的工作并没有发现特别理想的文化堆积。

旧石器时代遗址的野外调查、试掘是本次联合考古的重点。我们在位于叶尼塞河支流阿巴坎河右岸的二级阶地上，小地名叫马特盖奇克的地方开始了又一次试掘。中俄双方各自挑选了位置布了探方。但是在我们正式开始重庆考古走出国门第一铲的时候，分歧来了。我们在观察俄方的探方发掘时，注意到他们采用的是带有浓厚地质色彩的水平发掘法，和我们在国内惯用的方法有明显差别。

德罗兹多夫教授申明这次发掘是探沟和探方相结合的试掘性质，这样做一是便于节约时间，探沟了解文化层内涵后，便于下一步布置探方发掘；二是俄方认为水平发掘法一样能够记录文化层关系，并且相信我们的记录方法也能够胜任。最后经过充分的讨论，我们接受和尊重俄方的意见。当然，俄方也尊重了我们试掘探坑的方式。

在结束马特盖奇克遗址发掘后，我们又回到了位于克拉斯诺亚尔斯克边疆区库尔塔克库区左岸台地上，小地名为卡缅内洛卡的遗址进行另一次发掘。这两次发掘取得了不错的阶段性成果。在马特盖奇克的最后一顿野外午餐上，德罗兹多夫教授带来了一筐新鲜采摘的西伯利亚蘑菇，他兴奋地告诉我们："亲爱的中国同志们，你们知道吗？今天我们要好好犒劳自己！不要小看这几天的工作，我们可是填补了一段历史的空白！"

大家痛快地喝着鲜美的蘑菇汤，中俄双方团队似乎才真正达到了各方面的默契。转眼过去，草原那头冒出了几朵漂亮的野花，我的脑海里浮现出著名考古学家陈梦家先生的诗句：

一朵野花在荒原里开了又落了，
不想这小生命，向着太阳发笑，
上帝给他的聪明他自己知道，
他的欢喜，他的诗，在风前轻摇。
一朵野花在荒原里开了又落了，
他看见青天，看不见自己的渺小，
听惯风的温柔，听惯风的怒号，
就连他自己的梦也容易忘掉。

终有一天，我会带着自己的家人故地重游，再来看看自己曾经发掘过的地方，再来看看这些充满孩子们笑容的俄罗斯朋友们。（徐进）

站在赫热勒喀哈亚山上拍摄索斯盆地内的塔加尔文化墓葬

附录一

坚守荣誉与骄傲
——俄罗斯文化遗产保护工作侧记

武仙竹　邹后曦*

俄罗斯自然资源优越，历史文化遗产非常丰富。在这个有悠久大国历史的国度，人们非常珍惜文化遗产，高度重视文化遗产保护工作。《俄罗斯联邦宪法》规定，“每个俄罗斯公民都有保护历史文化遗产的义务。珍惜历史文化古迹，是实现拥有文化财富权利的重要途径”。《俄联邦文化遗产法》指出“文化遗产是俄罗斯人民的精神财富，保护国家文物是联邦政府的首要工作之一”。2014 年下半年，我和重庆市文化遗产研究院、中科院古脊椎动物与古人类研究所几位同行，在俄罗斯接触到一些文化遗产保护的实际工作。我们深深体会到这个国家的文物工作者们，把俄罗斯文化遗产是当作国家荣誉与骄傲进行着坚守。

一、叶尼塞河岸阿丰达瓦遗址的跨世纪保护

俄罗斯最大河流叶尼塞河上游，有一重要的中心城市克拉斯诺亚尔斯克。该城市分布于河流两岸，左岸城区保存有一个很大的旧石器时代古文化遗址——阿丰达瓦遗址。该遗址从发现至今，已有 100 多年历史，经过了数十次发掘，但现今遗址地貌和遗址规模依然保存较好。城市管理者们一直坚持一条准则，即城市建设工作必须与遗址保护需求相避让。2014 年，城市中部需要建立一个横跨河流两岸的大桥，经相关部门慎重规划和批复，仅允许桥梁引桥可涉及遗址边缘区，

* 作者单位：重庆师范大学历史与社会学院。

并且要求在施工前对遗址进行抢救性发掘和保护。我们来到这个遗址考察时，正好是西伯利亚暖季向冷季过渡时期，晴朗天空经常会突然飘过来大片乌云，随即便是瓢泼大雨。因此，我们看到考古队驻地现场地面泥泞，简易的帐篷和集装箱改建的临时住所就分布在发掘区边缘环境里。考古队员在这里工作得都非常开心。他们或挤在集装箱房间里整理资料，或在帐篷外小憩，工作热情很高。考古发掘现场与驻地相比，则显得清洁、有序。发掘场地受重视和被保护的程度，比考古队员住宿环境要好多了。我们在发掘现场遇到克拉斯诺亚尔斯克边疆区（俄罗斯第二大行政区）电视台在这里制作《克拉斯诺亚尔斯克市历史》纪录片。记者欣闻我们是来自中国的考古专家，立即对我们进行热情的雨中采访，很关心地问我们对俄罗斯文化遗产的了解程度、对阿丰达瓦遗址的学术观点，以及中国在工程建设中文物保护方面的具体做法，等等。

二、库区文物发掘与抢救

克拉斯诺亚尔斯克水库库容量 7330 亿立方米，面积 2000 余平方千米，是世界十大库容量水库之一。水库建设期间，政府曾主导进行了很多淹没区的古文化遗址抢救性发掘工作。库区建成后，因水位年度落差达 18 米，库区消落带成为近些年文物保护重点区域工作之一。文物保护部门对消落带常年进行细致的文物调查工作，在被确定有文物点的地方，都树立有水泥碑式的文物保护标志。标志高度约为 1.6 米，记述有古文化遗迹时代、遗物特征、分布面积等内容。政府管理部门还委托相关考古研究机构在库区建设有文物保护工作基地。我们乘坐库区巡逻艇到库区腹地的克拉斯诺亚尔斯克国立师范大学考古基地进行了短暂考察。该考古基地通常有工作人员十余人，不定期接待学校的学生来此进行考古实习。基地工作主要是对消落带因水流侵蚀暴露出来的文物进行抢救性发掘，并对库区文物点进行常态巡护。该考古基地设在库区内一个长满白桦林的半岛上，高水位时，基地周围几乎全部被水面包围。基地建筑有一幢很小的砖混结构的 2 层楼，另有很多木材做的尖顶房和临时性帐篷等。由于交通不便，少有人来，所以基地的学生看到有客人来后，非常高兴地从住所跑到水边来迎接。我们感觉到俄罗斯同行非常热情，并且把文物保护工作看得非常神圣。

克拉斯诺亚尔斯克国立师范大学考古基地的工作人员热情地迎接我们

阿丰达瓦旧石器遗址考古队驻地

阿丰达瓦旧石器遗址考古现场

整理资料

休息

三、博物馆的丰富藏品与高雅氛围

俄罗斯博物馆数量多，而且藏品非常丰富。在莫斯科、圣彼得堡等地，我们都感觉到有让人在短期内无法窥其全貌的博物馆藏品。如莫斯科市普希金艺术博物馆、圣彼得堡市冬宫博物馆等。在俄罗斯博物馆我们有一个强烈感受，即无论是个体观众或者是集体观众，他们均表现出对陈列对象无限的敬重和崇拜。他们对文物那种发自内心的尊重，使人体会到博物馆在他们心目中的神圣地位。莫斯科、圣彼得堡市等历史文化沉淀深厚，博物馆藏品之多自不待言。但我们在克拉斯诺亚尔斯克边疆区人口较少的米卢辛斯克市历史博物馆，也同样看到丰富的藏品并感受到浓厚的学术氛围。

欣赏博物馆艺术藏品

参观博物馆的家长和孩子们

米卢辛斯克市历史博物馆的奖旗

米卢辛斯克市历史博物馆的马克辛重机枪

米卢辛斯克市历史博物馆是一幢独立的两层红砖建筑，总面积约1600平方米。该馆收藏有从旧石器时代晚期至近现代的大量文物，其中很多文物与中国文化有很深厚的渊源。我们在这里看到，有与中国新石器时代文化特征一致的石网坠、石斧，还有与中国北方草原地区先秦文化相似的青铜兵器，以及汉唐风格的铜镜、瓦当、铁器等。博物馆一方面依靠展示大量精美文物，使人们对陈列流连忘返；二是注重把不同文物与相关民族资料集中在一起，使人们在认识文物藏品同时能够把与之相关的古民族发展史紧密联系起来；三是博物馆对近现代文物与历史文物一视同仁，丰富的近现代实物，展示出西伯利亚区域文化和经济开发过程。譬如我们在二楼的近现代展厅里，看到展示有很多原苏联红军开赴该地区打倒反动军阀、建立人民公社的生活用具、场景照片，还有以列宁像为旗帜内容的奖旗，以及红军使用的马克辛重机枪等。

米卢辛斯克市历史博物馆近现代史展厅

四、精神文化与地域徽标

精神文化在俄罗斯各个城市都受到极大重视，常见做法是把本地区政治家、作家、书画家、音乐家或者他们作品的经典内容等，以各种雕塑形式展示在城市、道路标志处，以此塑造本地区浓烈的文化氛围，展示区域历史文化积淀。譬如，圣彼得堡市十二月党人广场的彼得大帝骑马铜像、莫斯科红场朱可夫元帅骑马雕像等，均使人强烈感受到俄罗斯曾经的历史风云。俄罗斯有些很亲民的雕塑，也对人产生强烈感染。2014 年 9 月 13 日，我们驱车经过叶尼赛河上游楚什镇的一个临河观景台时，见到由礁石、渔网、书和一条硕大鲟鱼形象拼合而成的组雕，该组雕名称为“鱼王”。鱼王？这使我们一下子想到曾经读过的苏联维·阿斯塔菲耶夫写的长篇小说《鱼王》。还记得该作者也曾是反法西斯战争的战士，后历经钳工、铸工、搬运工等各种工作，但对故乡的迷恋之情使他完成长篇小说《鱼王》。书成后于 1976 年获苏联国家文学奖，1982 年上海译文出版社出版中译本。如今，我们身处阿斯塔菲耶夫的故乡，亲临其创作《鱼王》的原景地，但见天宽地阔、群峰连绵，山下有古老的小村镇，有向无边森林绵延而去的道路；倾听湍急的叶尼塞河水，凛冽、芬芳的西伯利亚清风拂面。与“鱼王”组雕依偎，亲学者之情思。顿觉有融我于天地之间，神清气爽，今夕何夕之概！

“鱼王”雕塑

莫斯科地铁站一些亲民而富有地域徽标的雕塑，也对人有极大的教育意义。莫斯科地铁线 1935 年正式开通，处于战备考虑，地铁线修建在地下 50 米深处。被公认为是世界上空间规模最大、最漂亮的地铁线。来自外地的游客，在地铁站会被那些制作精美、栩栩如生的二战时期战士雕塑所吸引。那些雕塑或位于地铁站内部出入口，或矗立于地铁站内支柱旁，或位于过道拱门旁边。虽然现在是处于繁华、和平的年代，但面对这些二战战士雕塑时，使人能立即从他们身上感受到那曾经的民族危机，以及团结和英勇无畏的俄罗斯精神。雕塑形象有身着便装的游击队战士，有穿着军装的红军战士，有男女老少。在看似平淡实则威武的卓娅雕塑前，她那坚强的头颅，标准的军姿、紧握的拳头，向人们映射出崇高的爱国精神和无畏勇气。这个雕塑，向人们讲述那不平凡的英雄故事——女高中生卓娅在卫国战争最困难时参加游击队，不幸被俘后经受非人折磨，在不吐一句口供情况下被残忍吊死。在刑架前她面对乡亲呼喊：“你们不要害怕敌人。我不怕死。为自己的人民而死——这是幸福！”女英雄的悲壮牺牲震撼了全俄罗斯，斯大林得知后下令不接受杀害卓娅的德军部队投降，抓到俘虏就地枪决。卓娅之死激励起更多俄罗斯人奋起反击，卫国战争迅速向有利方面转变。1942 年，苏联最高苏维埃主席团授予卓娅“苏联英雄”称号，她是卫国战争中第一位被授予这个崇高称号的女英雄。

展示国家历史，热爱民族英雄。把精神文化以各种雕塑的形式，作为城市或区域的地域徽标，能够很好营造积极、向上的文化氛围，对后人也有良好教育作用。

莫斯科地铁站里的战士雕塑

莫斯科地铁站里的战士雕塑

莫斯科地铁站里的战士雕塑

“苏联英雄”卓娅雕塑

群众和正在彩排的军乐团

媒体采访

117 岁的阿芙乐尔号巡洋舰

五、“阿芙乐尔”光荣永存

阿芙乐尔号巡洋舰在世界革命史上具有特殊地位。该舰原为俄国波罗的海舰队巡洋舰，“阿芙乐尔”意为“黎明”或“曙光”。在罗马神话中“阿芙乐尔”是唤醒人们、送来曙光的司晨女神。1917 年 5 月 12 日，列宁到正在工厂大修的“阿芙乐尔”号上发表演讲，水兵们受到教育纷纷加入布尔什维克党。1917 年 11 月 7 日（俄历十月二十五日），阿芙乐尔号在舰上广播了列宁签署的《告俄国公民书》。当晚 9 时 45 分，阿芙乐尔号巡洋舰炮打冬宫发出进攻信号，“十月革命一声炮响”成为十月革命的象征。1948 年起，阿芙乐尔号作为“十月革命”纪念舰停泊在涅瓦河畔，成为海军博物馆供游客参观。2014 年，阿芙乐尔号已有 117 岁。9 月 21 日，我们到达圣彼得堡市的第二天，清晨我们出门时，遇到很多市民匆忙赶往涅瓦河畔，经询问方知那天阿芙乐尔号要离开涅瓦河畔停靠地驶往波罗的海海军部造船厂（1897 年该舰建造地）进行维护，为俄罗斯 2017 年准备举行的十月革命 100 周年庆典做准备。得此消息，我们立马和众人一起赶往涅瓦河岸。到达涅瓦河边时，已看到该处有很多市民、游客聚集，群情激昂，都在等待阿芙乐尔号从港口驶出。电视台记者在进行实况转播准备工作，军乐团在进行表演排练。阿芙乐尔从涅瓦河驰往波罗的海时，近河口区需要通过多座活动大桥。这些河中间的大桥设计有可以使用斜拉钢索向两边分别起吊、提升的活动桥面。在阿芙乐尔驰来之前，这几座大桥的活动桥面已被打开。阿芙乐尔临近时，首先看到直升机、拖船、游艇等分别从空中、水面列队驰来，而后才是阿芙乐尔号缓缓驶出。在阿芙乐尔号临近时，军乐队开始演奏，两岸围观群众激情欢呼。阿芙乐尔舰艇上站着士兵、悬挂旗帜，威武地从人们眼前驶过。很多市民把小孩顶在肩上让他们观看。更多人一边观看，一边使用手机、相机等进行拍摄。有些市民和学生喊着“乌拉”，另有一些围观群众则喊着“阿芙乐尔”。众人激动的心情及欢乐的场景，使我们这些外地游客受到极大感染。

（原文刊载于《大众考古》2015 年第 3 期）

附录二

鹊影菱花满光彩
——俄罗斯米努辛斯克盆地古代文明交融新证

武仙竹　王照魁*

米努辛斯克盆地位于俄罗斯南西伯利亚地区，处在东萨彦岭、西萨彦岭和阿巴坎山脉之间，属山间盆地地貌，温带大陆性气候。该区域是西伯利亚最重要的农业区之一，自古与中国文化交流密切，保存有中国内陆地区夏商以来文化风格的遗迹。较著名的包括阿巴坎市发现的汉代式样宫殿建筑遗址、米努辛斯克市出土的金代“海兽葡萄镜”等。

2014～2015 年，我们应俄罗斯科学院西伯利亚考古学与古文字学研究中心的邀请，对西伯利亚地区古文化遗迹进行了考察和调研。期间访问米努辛斯克市博物馆时，发现陈列有一面唐代鹊绕花枝镜。该枚铜镜保存完好，通过查阅资料得知出土于米努辛斯克市西南郊甜菜村附近的一处墓地。铜镜为八出菱花式，圆纽。镜面水银古，局部绿锈；镜背亦包饰水银古，有小面积绿锈。镜背内区纹饰配置有对向布局的四枝花枝，间配对称布局的两只飞鹊、两只站立的鸿雁。外区为八出菱花边，分别对称配置四枝小花枝和四只飞舞的蜜蜂。铜镜形制及装饰内容，与唐代同式鹊绕花枝镜完全一致，是典型的鹊绕花枝菱花形镜。

鹊绕花枝镜是唐代最为流行的花式镜之一，是在瑞兽葡萄镜和瑞兽鸾鸟镜两大类铜镜的基础上演化而来。隋至初唐是承前启后的变革时期，瑞兽镜盛行，主题纹饰风格一改魏晋南北朝以来规范化、样板化，缺乏创新和多样性的特点，向着自由写实、清新优雅、动态活泼的风格转变。在瑞兽题材外，内外区又布置了忍冬、蔓草、葡萄纹样，这便形成了以后的瑞兽葡萄镜和瑞兽鸾鸟镜。瑞兽葡萄镜约出现于麟德元年（664 年）以前，瑞兽鸾鸟镜大约出现于武则天时期，二者

* 作者单位：重庆师范大学历史与社会学院。

存在着直接的承袭关系。从考古发现材料看，唐中宗时期，菱花形的瑞兽鸾鸟镜已经出现，圆形的鹊绕花枝镜也已经形成。典型的鹊绕花枝镜只需将瑞兽鸾鸟镜内区的二兽换以二鸾即可，时至唐玄宗天宝年间（742 ～ 756 年），典型的鹊绕花枝菱花形镜已经被用于墓葬随葬品中。

鹊绕花枝镜在唐代铜镜发展史上占有重要地位。在形式上，开始突破自先秦以来圆形、方形的传统；在内容上，逐渐以鸟鹊花枝题材取代瑞兽图案。自从规整的菱花形铜镜出现以来，生动的鸟鹊花枝与活泼的八出菱花紧密结合，形成了一幅全新的自由宽松、情趣横生、鹊跃动人的庭园小景，取得了形式与内容的完美统一。另外，从中国绘画史角度来看，花卉与飞鸟搭配的写实题材自盛唐产生以后，很快被运用到石刻、墓志、屏风和画障之上。蜂蝶起舞弄花，雁鹊绕枝传情，欣怡嘉宁、福禄康永，这既是人们对恬恣盎裕美好生活的追求，又是大唐国祚盛世昌隆、物阜民丰的现实写照。

除了在孔祥星、刘一曼著《中国古代铜镜》中对该式铜镜有记述外，在湖北十堰博物馆馆藏铜镜、安徽宿州博物馆馆藏铜镜、河南新郑唐墓出土铜镜中，均可见到同式铜镜。在这三枚同式铜镜中，宿州博物馆馆藏铜镜是 1985 年从社会上征集得来，在形制和内容上与米努辛斯克市博物馆藏铜镜均极为相似，内容丰富，工艺尚佳。与西安东郊秦川机械厂唐墓出土的“菱花瑞兽鸾鸟镜”和湖北郧县唐开元十二年（724 年）的阎婉墓出土的一面“菱花形瑞兽鸾鸟镜”相似，或许正可说明它们的年代相当，同属唐代早期偏后或中期偏前的遗物，并且由“菱花瑞兽鸾鸟镜”直接演变而来。宿州博物馆馆藏铜镜保存欠佳，征得时已经破为三块。另外两枚同式铜镜，除了形制较大外，在内容和工艺上似略逊一筹。米努辛斯克市博物馆所藏该式铜镜，可谓鹊绕花枝菱花形镜中的精品。

装饰喜鹊、鸿雁的鹊绕花枝镜，深深渗透着中国古代传统文化和唐朝时期的社会风尚。唐代进士薛逢在《追昔行》中“嫁时宝镜依然在，鹊影菱花满光彩”的诗句，非常真实、贴切地反映出了该式样铜镜的历史文化价值。“鹊影菱花满光彩”，成为褒奖和代表该式样铜镜古文化价值的佳话。纵观唐代铜镜的发展历史，鹊绕花枝镜流行时间并不长，从唐中宗神龙（705 ～ 707 年）至玄宗天宝年间（742 ～ 756 年）前后约半个世纪，菱花形的鹊绕花枝铜镜流行时间则更短、数量也更少。然而时隔千年之后，在遥远的异域，饱含大唐时尚的特产经过考古人的辛勤工作，竟意外重见天日，安详地被端放于米努辛斯克市博物馆中，这不仅是大唐帝国兼容并蓄、文明远播的有力见证，更是古代西伯利亚地区与中原自古以来交往频繁的真实反映。

从夏商时期开始，就有中原地区人群向米努辛斯克盆地迁徙。同时，在历史时期，该地区本土欧罗巴人种和蒙古人种，或与中国内地通商、和亲，或以战争等形式南侵中国。总之，米努辛斯克盆地是古代亚洲大陆核心地区（亚洲大陆中心坐标点即位于该区域附近），多民族文化在该地区持续碰撞和交融。因此，从考古材料上观察亚洲古代文化的交融，特别是中、俄两国古代关系等，应该是历史学、民族学、考古学等多学科交叉研究和创新性研究的热点。

（原载《大众考古》2016 年第 4 期）

米努辛斯克博物馆

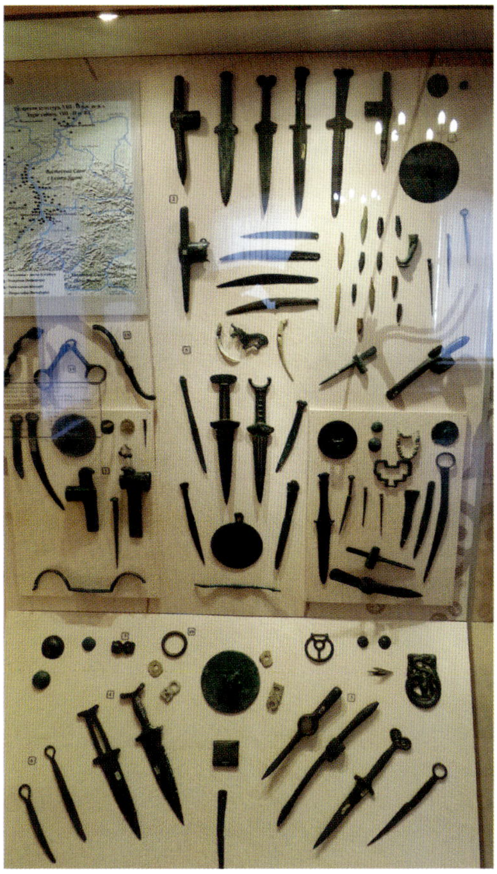

米努辛斯克博物馆陈列

米努辛斯克博物馆陈列

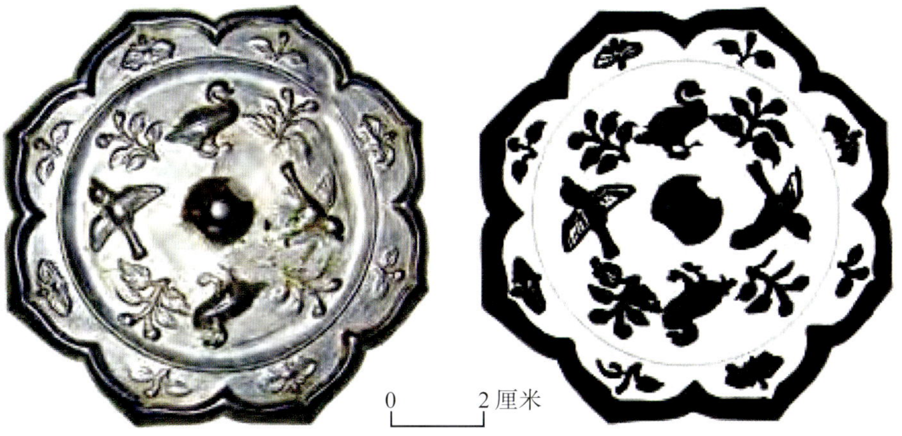

米努辛斯克市博物馆藏鹊鸟镜及其临摹图

附录三

博亚雷岩画
——西伯利亚塔加尔文化写实录

武仙竹　杨　光*

以半游牧和锄耕农业为生业模式的塔加尔文化（Tagar Culture），因发现于南西伯利亚叶尼塞河塔加尔岛而得名。长期以来，欧亚考古学者们把塔加尔文化作为西伯利亚青铜时代和早期铁器时代（公元前 7 ～前 1 世纪）考古学文化的代表。塔加尔文化遗存以墓葬为主，居址和其他文化遗迹发现很少，因此属于塔加尔文化遗存的米努辛斯克盆地博亚雷岩画就成为我们了解其社会面貌、生活方式的主要资料。

中国学者对博亚雷岩画知悉较早，最初是通过苏联考古学家 C.B. 吉谢列夫的博士论文《南西伯利亚古代史》获悉，该论文于 1945 年完稿（1950 年获斯大林奖）。1962 年中国科学院考古研究所资料室把此文中译本作为科研项目，1965 年底完成初稿，作为铅印内部交流资料，成为中国北方考古学文化研究的重要参考资料。中国考古学界非常关注塔加尔文化，因为中国新疆、内蒙古地区，以及长城南北游牧文化带（半游牧半农耕地区）与塔加尔文化关系非常密切。但是，中国学者一直未能深入米努辛斯克盆地进行现场调查和研究。2015 年，我们同俄罗斯科学院西伯利亚考古学与古文字学研究中心学者一起，对博亚雷岩画进行现场调查和资料提取。

一、博亚雷：沧桑洗练，灵动如诗

博亚雷行政区划隶属于俄罗斯克拉斯诺亚尔斯克边疆区米努辛斯克市彼烈

* 作者单位：重庆师范大学历史与社会学院。

沃兹村，位处东萨彦岭、西萨彦岭和阿巴坎山脉之间，地貌特征为叶尼塞河中游山间盆地。盆地内有连绵缓丘、平坦草原、临近叶尼塞河的湖沼等，形成地形广袤、天宽地阔、草原森林错杂的壮丽景观。博亚雷是草原深处缓丘上一个保存有岩画的断崖，断崖呈东西向延伸，长度约 360 米，最大高度约 3.7 米。断崖基岩为红砂质，砂质较细，岩层呈水平状层理发育。岩画集中保存在断崖中部，在表面平齐的自然断裂面上连续分布，形如展开的横幅画卷，轮廓分明，刻画清晰，有历经沧桑、凝练如诗的厚重感。俄罗斯考古学家对岩画的保护和研究，包括崖面加固、图画内容分析、图画工艺分析、拍照和拓片等工作。

岩画发现地点

岩画似一幅展开的横幅画卷

二、岩刻画卷：塔加尔文化之窗

1. 居住建筑

博亚雷岩画中有毡制帐篷、木骨泥墙房屋两大类居室建筑。其中毡制帐篷分为翘角饰顶形帐篷和陶敖天窗形帐篷。

所谓翘角饰顶形帐篷，是指帐篷顶部有向上斜伸的翘角状装饰。装饰左右对称，向上斜伸呈牛角形。陶敖天窗形帐篷，是在帐篷顶部呈锥形收缩后，顶面有一个规整的小平顶。这种帐篷是一种定居的定型帐篷，以“陶敖”（用木料加工的帐篷顶部圆形天窗构件）、“乌尼”（帐篷顶部的伞状骨架）和“哈那”（帐篷壁面竖直形骨架）为基本组合，然后用绳带、毡片进行横围、加固，建筑为固定格式的毡制帐篷。这种帐篷也是现在草原民居的普遍形式，其显著特征是穹隆形帐顶呈小平顶状，表面开有天窗，上覆可活动的遮盖物通风采光和排放气体。木骨泥墙建筑也有两种：斜顶木骨泥墙房屋和圆顶木骨泥墙房屋。前者是顶部安装有人字形斜木架，然后承以桁条，覆盖桦树皮和干草（俄罗斯人认为这是俄罗斯小木屋建筑法）。这种房子的壁面，在岩画上是用一片虚点（小凹痕）来表示其墙面的草泥结构。房子的侧立面，被特意加工刻划出一个非常突出的屋檐。后者的加工技法与木骨泥房相似，但房子的形状是圆形的（没有屋檐），房顶上也装饰有斜伸的翘角状装饰。该圆形木骨泥房的建筑，历史时期在草原半农半牧定居区常有。如我国内蒙古河套地区，其传统民居就有一种圆形木骨泥墙房屋。房屋外形与毡包相似，壁面用泥土加工。屋顶铺盖柳条、苇草，然后用泥土加固。

2. 生业模式

博亚雷岩画中反映的生业模式有骑牧和农耕田地，代表了牧业生产和农耕生产。

骑牧类作品有骑马、骑牛、骑鹿三种类型。骑马图像较多，均为乘马奔跑状态，马的肢体比例、耳朵、眼睛等细部特征刻画准确。人物位于马背，手中一般拿有马鞭。骑牛图像较少，牛的形象为伫立状态。牛躯体肥硕，短角，尾部下垂，腹部距离地面较近。骑鹿图像也比较少，所骑乘的鹿为奔跑状态，鹿首长有高大、分叉的鹿角。

反映田地的岩画，是在崖面特意加工出一种方形或长方形的平整凹地。“田地”一般分布于房屋周围，有的田地边缘刻划有相互连接的细长线条，是对灌溉系统（沟渠）的一种特意描写。

3. 服饰

博亚雷岩画对人物个体形态及其装饰均有生动刻画。该类作品有三种内容：一种是武士形态的描绘，如身材魁梧、头戴尖帽、穿戴战衣，手握双锤的武士图像；另一种是身材高大，脸型较长，头戴帽檐过耳的防风帽，手中拿着工具在住房间行走的人物；还有一种是萨满形象，站姿，头上戴有宽大面具，面具顶部左、右两边饰有形似牛角的犄角形装饰，身上还插有宽大的翅羽状装饰物。

4. 宗教信仰

岩画中发现有戴着牛首形装饰（法器）的萨满形象。在西伯利亚近现代萨满头饰中，有以兽皮裹头，头部插着鹿角的；或者戴着羽冠帽的；佩鹿首面具的等，但尚未发现佩戴牛首面具的形象。博亚雷岩画中佩戴牛首装饰的萨满形象，被认为是期望以牛的灵性为萨满增添通神功能，或者是表示崇牛信仰。这种文化现象，应该是与当时中国内陆农耕文明的影响有关。

5. 自然环境

动物图像中最多的是马、羊、鹿、牛等，有少数虎、狼等野生动物形象。马、牛的形象大多为单体分布，形态或伫立远视，或为人所骑乘。其图像以简单的线条刻划为主。羊的形象一般为行进状态，主要为前后结队，或成群分布状。

鹿的形象在岩画中姿态多样，或呈卧鹿，或呈奔走状；还有的是在居室周围，刻划多个鹿首正面图形，用以表意为鹿群。岩画中的鹿有两种，一种是长有高大、分叉鹿角的鹿，如卧鹿和骑乘的鹿，以及有些奔走的鹿，均为这一类型。该种鹿的体型、颅部及鹿角特征，被认为是驯鹿（Rangifer tarandus）。另一种鹿则颅部很宽大，鹿角为掌状分叉状态。其角型是在宽扁的鹿角主枝上，围绕边缘再生长出多个扁状分支，这种是驼鹿（Alcesalces）独有的角型特征。

岩画中虎和狼的形象，都是以单体形式出现的。可确定的虎图像只有一例，呈逡巡姿态。双耳竖立，吻端宽厚，四肢健壮。尾巴由粗渐细，尾部形态很长，属典型的猫科动物尾部特征。狼的图像与虎形态相比，躯体比例明显偏矮，尾巴短，吻部较细。博亚雷岩画中虎和狼形象的存在，反映该地区当时除了有放牧草原和开垦的农田外，周围还有广袤的森林。

6. 制作工具

通过对博亚雷岩画进行现场观察和翻模分析，已证实岩画是使用一种刃状工具加工完成的。其加工方式有两种：一种是以利刃工具在砂岩壁面刻划出粗犷的线条，以线条组合完成构图。骑马图即属于此类。此类加工方式的图像较少。另一种是以利刃工具在砂岩壁面凿制出多个凹痕，以凿制凹痕和刻划线条相配合，组合构成岩画图像。这类加工方式是岩画的主流。在凿制凹痕与刻划线痕搭配比例上，还体现出风格灵活的特征。如帐篷居室图像是以刻划痕为主、凿痕为辅，羊群图是以凿痕为主、刻划痕为辅。岩画加工工具，人们确认为是草原游牧区历史上常见的鹤嘴斧。鹤嘴斧刻划的长线条粗犷有力，凿制痕具有与刃宽平齐的特征。根据现场测量，鹤嘴斧凿制的凹痕宽度（刃宽）一般为 2.7 厘米左右。

资料提取

现场观察

帐篷建筑形式及人物形象

建筑物、农田

三、国际视野：博亚雷岩画与中国考古

塔加尔文化同中国北方、甚至南方部分地区存在密切文化关系。如包括新疆、宁夏、内蒙古、山西以及华北长城沿线等，考古中发现的兽首曲柄短剑、兽首刀、鹤嘴斧、S形构图牌饰等，考古学界认为与塔加尔文化有关。甚至在云南地区出现的横銎兵器，考古学界也认为与塔加尔文化有一定关联。所以，研究塔加尔文化并不是对我国域外文化的研究，而是全面分析和以广域视野研究中国古代文化面貌和中外文化发展关系的一部分。

博亚雷岩画对我们认识中国先秦考古有多方面意义。

首先，与中国古代文化关系密切的塔加尔文化主人的族属，在岩画内容上有真实的形象反映。我国历史文献中记载的狄、狄历、丁零族，是北方阿尔泰语族商周至秦汉时期的古族。我国中原内陆商周时期始称之为鬼方，春秋、战国时称为狄，汉魏时期称为丁零。古希腊人对欧亚草原阿尔泰语族则统称为斯基泰人，古希腊文献记载斯基泰人身材高大健壮，蓝眼隆鼻，蓄须，平时戴尖顶帽，冬季戴护耳垂檐帽。上身穿宽大衣服，下身穿裤便于骑马。随身携弓箭、短锤或战斧。博亚雷岩画中的人物形象，身材高大，戴尖帽或护耳垂檐帽，使短锤，从历史实物内容上，印证了先秦时期和中国古代文化有密切关系的塔加尔文化族源问题。

其次，我们从岩画上可以看到曾经流传或影响到中国内陆的很多文化元素。如岩画中有久负盛名的“斯基泰 - 西伯利亚野兽纹”主要题材之一的“卧鹿”。卧鹿艺术作品，曾在中国北方有较多发现，并且在长江流域楚文化中也有很经典的作品出现。再譬如用以加工博亚雷岩画的加工工具鹤嘴斧，该类器型曾流传扩散至我国内蒙古、甘肃、宁夏、辽宁等很多地区。如内蒙古呼鲁斯太墓地、宁夏中卫狼窝子坑墓地、甘肃镇原县庙渠村墓地、陕西扶风县庄白墓地、辽宁西丰县西岔沟墓地等均发现有鹤嘴斧类器物。

最后，我们还看到很多源于中国内陆的文化元素出现在博亚雷岩画中。其中最为重要的，当属农耕经济及农耕文化对博亚雷地区的渗透。譬如岩画中的农田及其灌溉系统，以及骑牛形象和戴着牛首形装饰（法器）的萨满形象等。岩画中的农牧混合经济形态，以及透过其萨满形象反映出的崇牛思想，被认为是受中国黄河流域农耕文明的影响而出现的。

（原载《大众考古》2017 年第 8 期）

后　记

俄罗斯西伯利亚地区的联合考古之旅是重庆考古人走出国门，首次与国外考古工作者组建联合队伍，并在异国他乡共同开展田野考古工作的一次重要经历。虽然时间短暂，合作过程中经历了许多困难，但由于策划组织合理，经过双方的努力最终圆满完成了既定工作目标——在旧石器时代遗存调查与试掘、古代欧亚草原文化研究、中俄学术交流、公众考古等方面都取得了不少收获，拓展了重庆考古工作者的国际化视野。

根据重庆市文化遗产研究院与俄罗斯科学院西伯利亚分院考古学与民族学研究所签订的《科研合作协议》，双方应尽快在研究的基础上推动科研成果的出版。为了及时向国内学者和公众展示、宣传中俄西伯利亚联合考古的工作成果，重庆市文化遗产研究院决定刊布关于本次工作概况及收获的工作报告——《穿越西伯利亚——2017 年中俄联合考古》。为了能尽量全面、客观地介绍俄罗斯的文化遗产及保护现状，我们在资料整理与报告编辑过程中除了大量查阅中文文献资料，还查阅了相关俄文文献，来源以相关政府和机构官网的公开资料为主，整理工作断断续续历时近两年。

《穿越西伯利亚——2017 年中俄联合考古》一书分为序、上篇（走出国门）、下篇（友谊之桥）、附录和后记。其中，《重庆考古远行》由汪伟、方刚撰稿，《旧石器时代遗存调查与试掘》由高磊撰稿，《西伯利亚岩画》由代玉彪撰稿，《乌斯季索斯塔加尔文化墓群调查》由汪伟、张镇山撰稿，《苦乐同行》由徐进撰稿，《访问与交流》由汪伟、李大地撰稿，汪伟对初稿进行修改和统稿，邹后曦、白九江最终审定。我们要感谢参加参与本次联合考古田野工作的德罗兹多夫教授（Дроздов Николай Иванович）、马库洛夫研究员（Макулов Владимир Иванович）、列昂捷夫研究员（Леонтьев Виктор Павлович）、扎伊卡教授（Заика Александр Леонидович）、德罗兹多夫研究员（Дроздов Денис Николаевич）、白九江、邹后曦、周大庆、高碧春、方刚、李大地、赖东、范鹏、权乾坤、汪伟、代玉彪、高磊、徐进、张镇山，参与资料整理工作的牟丹，为项目后勤、协调做出贡献的沈修、段黎玲等。